国家出版基金项目
NATIONAL PUBLICATION FOUNDATION

禮敬人生

江南风俗图录

人生礼仪卷

仪典之间的人伦万象

第8卷

Illustrated Chronicles of
Jiangnan Customs

- Vol. 8 -

Bows of Courtesy and Rites of Passage

仲富兰 著

上海辞书出版社

江南风俗图录·第8卷·礼敬人生

辞书微信公众号二维码

本书为《江南风俗图录（1840—1949）》分卷之一。整套书随附别册，内容涵盖《江南风俗图录》全书总览及各分卷简介、十卷本内在关联分析与跨学科阐释、与仲富兰民俗学研究脉络的勾连、核心参考文献汇释、仲富兰民俗文化学学术著述系年，另收录总序、后记等文稿。为便于读者共享别册内容，上海辞书出版社公众号设“《江南风俗图录》别册” 专题，供各界参阅。

“十四五”国家重点出版物出版规划项目

国家出版基金资助项目

上海文化发展基金会图书出版专项基金资助项目

仲富兰

当代民俗学家。上海人。毕业于复旦大学哲学系。华东师范大学教授、博士生导师，上海市民俗文化学会创始会长及名誉会长，中国民俗文化学科的开拓者和奠基人。1986年至今已出版《中国民俗文化学导论》、《中国民俗学通论》（三卷本）、《上海六千年》（三卷本）、《图说中国近百年社会变迁》（四卷本）、《民俗传播学》、《江南风俗与信仰》、《上海民俗——民俗文化视野下的上海日常生活》、《上海小史》、《节日里的中国》、《图说中国人生礼仪》等50多部著述，部分被译为英、俄、日、韩等国文字在国外出版。承担“十四五”国家重点出版物出版规划项目《江南风俗图录（1840 —1949）》（全十卷）及上海市相关文创研究课题。2019年起主编《民俗掌故日历》（上海辞书出版社，至今共计7版）。另有大量论文和文章散见于海内外报章期刊。

Zhong Fulan

A contemporary folklorist from Shanghai. He graduated from the Department of Philosophy at Fudan University and is currently a professor and doctoral supervisor at East China Normal University. He is the founding president and honorary president of the Shanghai Society of Folk Culture Studies, and a pioneering and foundational figure in the academic field of Chinese folk culture.

He has published over 50 works since 1986, including *An Introduction to Chinese Folklore*, *General Theory of Chinese Folk Culture* (three volumes), *Six Thousand Years of Shanghai* (three volumes), *Illustrated History of Social Changes in Modern China* (four volumes), *Folklore Communication Studies*, *Jiangnan Customs and Beliefs*, *Shanghai Folkloristics: Daily Life in Shanghai through the Lens of Folk Culture*, *A Brief History of Shanghai*, *China in Its Festivals*, and *An Illustrated Guide to Chinese Rites of Passage*. Several of these have been translated into English, Russian, Japanese, Korean, and other languages for international publication.

He is leading a major national publishing project under the 14th Five-Year Plan: Illustrated Chronicles of *Jiangnan Customs (1840–1949)* (ten volumes), as well as related cultural and creative research initiatives in Shanghai. Since 2019, he has served as editor-in-chief of *The Almanac of Folk Culture and Anecdotes* (Shanghai Lexicographical Publishing House), which has been released seven editions to date. His numerous papers and articles have appeared in newspapers and journals both in China and abroad.

光影铭沧桑

图卷展风华

目录

第三章

笃爱教慈重道与人生嘉礼

093

第四章

建设事业与仪式化庆典

131

第五章

家庭结构与家风家教

161

第六章

中西杂糅的婚姻形态

195

第七章

西方丧葬文化的示范与传播

229

概述

自鸦片战争的炮火轰开中国国门，古老的华夏大地便被卷入近代化的洪流之中，历经政治、经济、文化等多方面前所未有的冲击与转型。江南地区，这片枕江臂湖、通江达海的膏腴之地，凭借其得天独厚的地理位置、千年沉淀的深厚文化底蕴以及繁荣发达的商业经济，一跃成为新旧观念激烈碰撞、中西文化深度交融的前沿阵地。在这一特殊的历史时期，江南地区的风俗礼仪也在时代浪潮的洗礼下，经历着深刻的变革。它们既保留着中华传统文化的基因，又巧妙地融入了新的时代元素，形成了独具特色的近代风俗礼仪风貌。

近代以后，商业经济的迅速发展、西方物质文明的大量输入等因素，更使江南地区的社会经济出现了飞跃发展，而在这其中，以开埠后的上海城市变化尤其剧烈，在政治、经济、文化等诸多方面都发生了深刻的变化，外国势力的介入与影响，租界的建立，带来了新的政治理念和社会治理模式，同时，移民的大量涌入，也使得政治参与的主体更加多元化，众多的洋行、商行和工厂如雨后春笋般涌现，贸易往来频繁，金融市场日益活跃。西方物质文明的大量输入更是加速了社会经济的变革，新的商业业态、生产技术等不断推动着上海经济与文化的发展进步。

江南地区的风俗礼仪也在时代的浪潮中，经历着深刻的嬗变，既保留了传统的文化基因，又融入了新的时代元素，形成了独具特色的近代礼仪风貌。本卷围绕社交礼仪、敬天尊祖、人生嘉礼、庆典仪式、家庭文化、婚姻形态以及丧葬文化等七个方面，深入探讨近代江南风俗礼仪的发展与演变。

一、社交礼仪的近代嬗变

礼仪本身不是单向的行为，单一的过程构不成礼仪，它是施礼者与受礼者的一种情感与行为的互动过程。“礼尚往来。往而不来，非礼也；来而不往，亦非礼也。”同时，几千年来，古代社会“礼”的概念，包含着丰富的内容，既是一种社会的典章制度，又是社会生活行为规范和交往仪式的礼制及待人接物之道。“五伦十义” 是中国古代社会基本的伦理道德规范，“五伦”是指古代中国社会中五种基本的人际关系，出自《孟子·滕文公上》“使契为司徒，教以人伦：父子有亲，君臣有义，夫妇有别，长幼有序，朋友有信”；“十义”，源于《礼记·礼运》“父慈、子孝、兄良、弟悌、夫义、妇听、长惠、幼顺、君仁、臣忠，十者谓之人义”，是对“五伦”关系中双方应尽义务的进一步阐述。这五种关系涵盖了家庭、社会和国家层面的人际交往，对维护古代社会秩序、规范人们的行为发挥着重要作用，礼仪规范，有一定之规，是诸多相互联系的行为的有机组合，也是人们在社会生活中约定俗成、共同认可的，是人际交往的重要手段和途径，对社会成员具有不同程度的约束力。

到了近代社会，“五伦十义”再也无法维系社会交往的现实。首先是中国传统礼仪中所具有的那种尊卑等级森严的封建色彩逐渐淡化以至消失，出现了一些吸收西方礼仪较为开放，又颇具平等意识的礼仪习俗形式；其次是具有浓厚的传统乡村色彩的礼仪习俗逐渐向具有近代城市文明特征的礼仪习俗过渡。通商之后，社交礼仪更加国际化和多元化。在与外国人交往的过程中，人们逐渐接受并习惯了西方的礼仪规范。再次，服饰风格发生了重大转变。传统的长袍马褂逐渐被西装革履等取代，女性的服装变得更加时尚和多样化。饮食习惯也有了改变。西餐开始流行，咖啡、葡萄酒等饮品进入人们的生活。此外，旧时那种具有浓厚封建色彩和乡村气息的拜祖宗、祭神灵、祈钱粮、求子嗣、禳灾疫之类的活动已大为减少，一些更具新型城市化特点的节日娱乐方式，如看戏文、逛商市、游公园、坐马车兜风等，则成了近代上海都市中风靡一时的流行时尚。

随着近代西方文化的强势涌入，以及国内社会结构的持续变迁，江南地区的社交礼仪发生了翻天覆地的变化。在传统的封建礼教体系下，社交礼仪以严格的等级制度为基石，高度重视尊卑有序、长幼有别。从见面时的行礼方式，到交谈时的用语措辞，都有着极为细致的规范。例如，晚辈见长辈需行跪拜大礼，平辈之间则多行作揖礼，且在交谈中，晚辈对长辈要用敬语，用词必须恭敬谦逊。随着民主、平等思想的广泛传播，这种等级森严的社交礼仪逐渐受到冲击。尤其是在上海、苏州、南京、杭州等经济较为发达的江南城市，商务社交场合率先发生改变。原本繁琐的跪拜礼和作揖礼逐渐被简单直接的握手礼所取代。握手礼的出现，不仅体现了平等交流的理念，也反映出人们对传统等级观念的突破。不过，在一些家族聚会等传统场合，晚辈与长辈之间，仍会保持恭敬的态度和语气，延续着对长辈的尊重传统。在一些江南古镇的大家族祭祀活动后，晚辈们在与长辈交流时，即便行握手礼，也会微微欠身，言语间满是敬重。

与此同时，随着城市化进程的加速推进和商业活动的日益频繁，江南地区的社交圈子不断扩大，社交方式也愈发多样化。人们不再局限于传统的社交模式，开始积极参加各种社交活动，如舞会、宴会、茶会等，以此拓展人脉、交流信息。在这些社交活动中，人们需要遵守一定的礼仪规范，如穿着得体、言行举止文明等。以江南地区的茶会为例，传统的茶会注重茶艺的展示，从茶叶的冲泡到茶具的使用都有一套严格的规范，按照特定的步骤进行冲泡，如温杯、投茶、注水、出汤等，每一个动作都讲究优雅流畅。茶具也十分讲究，多选用精美的紫砂壶或青花瓷茶具。而近代的茶会，除了保留传统的茶艺，还融入了西式的交流方式。人们在品茶的同时，可以自由地交流商业信息、分享新的思想观念，使茶会成为了一个融合中西文化的社交平台。比如在上海的一些新式茶楼里，人们一边品尝着来自江南的龙井、碧螺春等名茶，一边谈论着最新的商业动态和西方的科学技术，将传统与现代完美结合。

二、敬天尊祖与崇德报功

敬天尊祖是江南地区传统风俗礼仪的重要组成部分，体现了人们对天地自然和祖先的敬畏与感恩之情。在近代，尽管社会发生了天翻地覆的变化，但敬天尊祖的传统习俗仍然在江南地区得以传承和发扬。在春节、清明、冬至等重要节日，以及家族祭祀等特定场合，人们依然会举行庄重的祭祀活动，表达对天地自然和祖先的敬意。祭天仪式通常会选择在空旷的场地，如郊外的高台或开阔的广场上进行。人们会提前搭建祭台，祭台上摆放着各种祭品，如整猪、整羊、五谷杂粮、新鲜水果以及美酒等。主持仪式的通常是当地德高望重的长者，他们身着传统的祭祀服饰，神情庄重肃穆。仪式开始时，先由长者带领众人向天空行礼，表达对上天的敬畏和感恩。随后，长者会诵读祭文，祭文内容主要是祈求上天保佑风调雨顺、国泰民安、五谷丰登等。在诵读祭文的过程中，众人会保持安静，认真聆听。祭文读完后，长者会点燃香烛，带领众人再次行礼，然后将祭品焚烧，象征着将祭品献给上天。

值得一说的还有中秋节的祭月仪式和春节期间的祭祖仪式。中秋月圆之夜，人们会在庭院中摆放一张桌子，桌上摆满了各种祭品，如月饼、瓜果、莲藕等。人们会在桌子上放置一个月亮的牌位，然后点燃香烛，向月亮神行礼。孩子们会围绕着桌子，听长辈们讲述关于月亮的神话传说，如嫦娥奔月、吴刚伐桂等。在拜月仪式结束后，一家人会围坐在一起，分享月饼和瓜果等，共度团圆之夜。春节期间许多家庭举行的祭祖仪式依然很庄重。一大早，家中的长辈带领晚辈们将祖先的牌位擦拭干净，摆放于正堂显眼之处。随后，在供桌上摆满丰盛的祭品，有象征吉祥如意的猪头、寓意团圆的水果、香醇的美酒等。晚辈们依次上香磕头，口中念念有词，祈求祖先保佑家族平安、幸福。在这个过程中，孩子们也会受到熏陶，从小就对家族的传承和传统礼仪有了深刻的认识。

祠堂是家族祭祀祖先的重要场所，在近代江南地区，许多家族都建有自己的祠堂。每年的春节、清明、冬至等重要节日，家族成员都会聚集在祠堂中，举行隆重的祭祖仪式。除了祠堂祭祖，家祭也是江南地区人们祭祖的一种常见方式。在家祭时，人们会在自家的正堂中摆放祖先的牌位，然后在特定的节日或祖先的忌日，准备好祭品，向祖先遗像行礼祭拜。家祭的仪式相对简单，但同样表达了人们对祖先的思念和敬意。

在近代，随着印刷技术的进步，一些家族开始利用新式的印刷工艺来修订和完善家谱和族谱。以往的家谱和族谱多由族人手工抄写，不仅耗时费力，而且容易出现错误和遗漏。而到了近代，印刷技术的普及使得族谱的制作更加高效、准确和精美。家族中德高望重的长辈会牵头组织修谱事宜，召集家族成员收集资料，详细记录家族的世系传承、历代祖先的生平事迹以及家族中的重要事件。通过新式印刷工艺印制出来的族谱，纸张更加精良，排版更加美观，而且可以大量复制，方便家族成员人手一册。这既传承了传统的祭祖文化，又融入了当时的先进技术元素。比如各地的一些名门望族，会定期组织修谱活动，将家族新添的人口信息、成员的成就等内容及时更新到家谱和族谱中。这些印刷精美的家谱和族谱不仅是家族历史的记录，更是家族凝聚力的象征，让家族成员无论身处何方，都能通过家谱和族谱了解家族的渊源，感受到家族成员之间的紧密联系。

同时，敬天尊祖的内涵也得到了进一步的拓展。人们不仅将祭祀活动视为一种传统习俗，更将其视为一种文化传承和道德教育的方式。通过祭祀活动，人们可以了解家族的历史和文化，传承祖先的优良品德和传统价值观。此外，敬天尊祖的传统习俗还与崇德报功的观念相结合，人们在祭祀祖先的同时，也会对那些为社会做出贡献的人表示敬意和感激之情。比如在江浙地区的一些古镇，当地百姓会在传统的祠堂祭祀活动中，专门留出一个环节，表彰那些在当地兴办实业、推动地方经济发展的乡绅，以及热心公益、积极赈灾济贫的贤达人士。这些乡绅们凭借自身的财力和智慧，在当地开办工厂、作坊，为乡亲们提供了大量的就业机会，改善了大家的生活水平；而贤达人士则在饥荒、洪涝等灾害发生时，慷慨解囊，捐出钱粮，设立粥厂救济灾民，为稳定地方秩序、帮助百姓渡过难关做出了重要贡献。通过这种方式，既传承了传统的祭祀文化，又赋予了其新的时代内涵，激励着更多的人积极向上，为社会做出贡献。

三、笃爱教慈重道与人生嘉礼

人生嘉礼是江南地区传统风俗礼仪的重要内容，涵盖了诞生礼、成年礼、婚礼等，这些礼仪不仅是个人生命历程中的关键节点，更是家族和社会文化传承的重要方式。在近代，尽管人生嘉礼的形式和内容经历了一定程度的变化，但笃爱教慈重道的传统价值观始终得以传承和弘扬。

在近代江南地区，诞生礼是迎接新生命的重要仪式，蕴含着家族对新生儿的祝福与期许，极具文化内涵和地域特色，涵盖了多个关键时间节点的仪式与习俗。出生报喜时，父亲或家中长辈会迅速前往产妇娘家。若生男孩，在礼物中放公鸡；生女孩则放母鸡，同时带上红鸡蛋、喜面等寓意吉祥的物品。娘家人据此知晓新生儿性别，会准备婴儿衣物、被褥、金银饰品等回礼。出生第三天的“洗三”仪式至关重要。家人提前用艾叶、菖蒲、金银花等熬制草药水，由经验丰富的女性长辈为婴儿洗澡，边洗边念吉祥话语，如“洗洗头，做王侯；

洗洗腰，一辈更比一辈高” 等，洗完后用姜片和艾团擦婴儿脑门、关节处辟邪，还会让婴儿在放有铜钱、花生、红枣的温水中玩耍，寓意未来拥有财富与幸福。

满月时，家庭举办盛大满月礼。满月前为婴儿准备绣有龙凤、麒麟等吉祥图案的新衣。满月当天，家中布置得喜气洋洋，亲朋好友携带婴儿衣物、玩具、红包等礼物前来祝贺。主人会分发偶数红鸡蛋，部分地方还会举行“剃满月头”仪式，将胎发做成胎毛笔或用红布包好挂床头，留住福气。婴儿满百天的百日宴同样隆重。家人为婴儿穿上百日服、戴上刻有 “长命百岁” 等字样的长命锁。亲朋好友齐聚，除了美食，还有戏曲、杂耍等娱乐活动。同时会为婴儿拍摄百日照留念。周岁礼是诞生礼的重要环节，核心是“抓周”。家人在桌上摆满书本、笔墨、算盘等物品，让婴儿自由抓取，抓取的物品预示其未来兴趣和职业倾向。抓周后，家人会举办宴会庆祝幼儿周岁生日，标志着诞生礼圆满结束。这些诞生礼环节，既是对新生命的欢迎，也是江南传统文化的传承延续，见证着生命成长，承载着家族希望。

成年礼是一个人从少年走向成年的重要标志，在近代，虽然传统的成年礼的仪式逐渐简化，但人们对成年的重视程度丝毫未减。许多家庭会通过举办成人仪式、赠送相关礼物等方式，来庆祝孩子的成年，鼓励他们承担起社会责任，成为有担当的人。在一些江南城市，学校也会组织集体成年礼仪式。在仪式上，学生们身着传统的汉服，男生行冠礼，女生行笄礼。行冠礼时，长辈会为男生戴上一顶象征成年的帽子，行笄礼时，长辈会为女生插上一支精美的发簪。随后，学生们会诵读经典，如《论语》《大学》等，以此表示传承传统文化。同时，学校还会邀请当地的知名学者、社会贤达为学生们做演讲，分享他们的人生经验和价值观，将传统的成年礼与时代的教育相结合。

婚礼是人生中最重要的礼仪之一，近代江南地区的婚礼受到西方文化的影响，呈现出中西合璧的独特风格。西式婚礼逐渐流行，婚纱、教堂、牧师等元素开始出现在江南地区的婚礼中。许多年轻的新娘梦想着穿上洁白的婚纱，在庄严的教堂里，在牧师的见证下，与心爱的人许下一生的承诺。然而，传统的中式婚礼仍然占据着重要的地位，许多家庭会在婚礼中保留一些传统的习俗，如拜堂、闹洞房等。在一些江南小镇，新人会选择在传统的中式庭院中举办婚礼。庭院里张灯结彩，充满了喜庆的氛围。新娘凤冠霞帔，新郎长袍马褂，举行拜堂仪式。在拜堂时，新人会向天地、向父母鞠躬致拜，并夫妻对拜，以此表达对天地的敬畏、对父母的感恩以及对彼此的承诺。而在婚宴环节，让宾客们自由交流，这种中西合璧的婚礼形式，既体现了时代的发展和文化的融合，又保留了江南地区的传统特色。

葬礼是人生的最后一个礼仪，在近代，江南地区的葬礼也发生了显著的变化。随着西方丧葬文化的传入，一些新的丧葬方式和礼仪开始出现，如火葬、追悼会等。在一些江南城市的殡仪馆，通过宣读悼词、讲述逝者生平事迹等方式，表达对逝者的怀念和敬意。然而，丧葬方式仍以传统的土葬为主，许多家庭会在葬礼中保留一些传统的习俗，如守灵、出殡、祭祀等。在江南农村地区，虽然也开始采用火葬，但在丧葬仪式上仍然保留了许多土葬的习俗。在出殡时，家属会披麻戴孝，按照传统的路线和仪式进行。送葬队伍中会有吹鼓手吹奏哀乐，亲朋好友们会手持花圈，一路护送逝者。到达墓地后，还会举行祭祀活动，焚烧锡箔纸钱、摆放祭品，以表达对逝者的缅怀之情。

四、建设事业与仪式化庆典

近代以来，江南地区凭借其优越的地理位置和深厚的经济基础，迎来了经济的快速发展，建设事业发展的成就也令人瞩目。在这一过程中，仪式化庆典成为了一种重要的文化现象。无论是建设工程的开工仪式、竣工仪式，还是企业的开业庆典等，都不仅仅是对建设成果的简单庆祝和展示，更是对建设者辛勤付出的肯定与鼓励，以及对未来发展的美好期许。这些仪式化庆典蕴含着丰富的文化内涵，既体现了人们对工程顺利、平安的祈愿，又蕴含着人们对未来的美好期许。

开工仪式讲究祭祀。人们会在开工前精心挑选风水宝地，多位于工程的中心位置或入口处。随后将场地清理得干净整洁，并用红布、彩旗装饰，营造出庄重又喜庆的氛围。通常会在场地中央用结实木材搭建祭祀台，上面铺着红色桌布，台上摆放香炉、烛台、香烛、纸钱等祭祀用品。祭品的选择极为讲究，一般会准备新鲜、肥壮的整猪、全羊、全牛等 “三牲”，以此表达对神灵的敬重与诚意。古代“祭三牲”主要有“太牢”与“少牢”两种：“太牢”指牛、羊、猪为祭品，只有天子、诸侯等权贵阶层使用；“少牢”规格低于太牢，多用于大夫、士阶层的祭品，也有说法认为“小三牲”为鸡、鸭、鱼等畜禽，民间祭祀较为常见。同时，还会准备五谷杂粮、水果、美酒等。五谷杂粮寓意工程顺利，水果象征丰收美好，美酒用于敬神。摆放祭品时，“三牲”置于祭祀台最前方，其他祭品依次排列其后。

祭祀流程有着严格的顺序。仪式开始，由工程负责人或当地德高望重的长者担任主祭人，面向祭祀台站立。主祭人先点燃香烛插入香炉，然后带领众人向天地神灵行三鞠躬礼，以示敬畏，接着诵读祭文，祭文内容主要是向神灵汇报，同时祈求神灵保佑工程施工顺利，确保按时完工。祭文读完后焚烧，随后，主祭人向神灵敬酒，把酒洒在地上以示敬意。最后，全体参与人员再次向神灵行三鞠躬礼，祭祀仪式结束。在一些地区，祭祀仪式结束后还有特殊仪式，比如“破土”仪式。主祭人手持一把新锄头，在工程指定位置挖下第一锄土，这一行为不仅具有象征意义，更是工程正式开工的象征。

竣工仪式祭祀的祭品准备方面，与开工仪式基本相同，但会更加丰盛，用以感谢神灵的保佑。有的地区，还会准备当地特色美食作为祭品，像江南地区的糕点、粽子等。祭祀流程与开工仪式大致相同，不过祭文内容有所不同。主祭人诵读祭文时，如同在向神灵报告工程的完成情况，感谢神灵在施工过程中的保佑与帮助，同时祈求神灵继续保佑，为人们带来福祉。祭文读完后同样焚烧祭文、敬酒。竣工仪式上也有特殊仪式，即“揭幕”仪式。在工程显眼位置悬挂一块写有工程名称或竣工字样的红布，主祭人邀请重要嘉宾或当地要人和名人，一同揭开红布，这不仅象征着工程正式竣工，也是对所有参与工程建设人员的肯定与鼓励。

近代的江南社会，开业庆典是商家极为重视的大事，它不仅是店铺正式营业的标志，更是一次吸引顾客、打响招牌的绝佳时机。在这一特殊的时刻，商家会将传统的庆祝活动与各种商业营销手段巧妙结合，让开业庆典热闹非凡，充满活力。

开业当天，舞龙舞狮表演无疑是最引人注目的环节。舞龙舞狮作为江南地区历史悠久的传统庆祝活动，基本上就是一个保留节目。龙和狮在传统文化中都象征着吉祥、繁荣，商家相信通过这样的表演能够为店铺带来好运，吸引更多的顾客。舞龙队伍通常由十几人组成，他们身着鲜艳的传统服饰，色彩斑斓，十分醒目。龙头巨大而威严，眼睛炯炯有神，龙须随风飘动。龙身由数十节紧密相连，每一节都绘有精美的图案，在阳光的照耀下闪闪发光。随着激昂的锣鼓声响起，舞龙队员们步伐整齐，动作协调，他们高举龙身，时而将龙身高高抛起，时而让龙身蜿蜒穿梭，仿佛一条活灵活现的巨龙在空中飞舞。龙身的起伏变化与锣鼓声的节奏紧密配合，时而急促，时而舒缓，让人目不暇接。

舞狮表演同样精彩，狮子由两人合作表演，一人扮演狮头，一人扮演狮身狮尾。狮头造型逼真，色彩鲜艳，口能张合，眼能转动，十分生动。表演时，狮子随着锣鼓声的节奏，做出各种俏皮可爱的动作，如跳跃、翻滚、挠痒等。有时，狮子还会向围观的群众眨眼、吐舌头，引得大家哈哈大笑。在表演过程中，狮子还会进行“采青”环节。所谓“采青”，就是将一棵生菜悬挂在高处，生菜寓意“生财”。狮子会通过各种高难度的动作，如攀爬、跳跃等，摘取生菜，然后将生菜咬碎，撒向四周，象征着为店铺带来财富和好运。舞龙舞狮的精彩表演吸引了众多路人驻足观看，现场人山人海，热闹非凡，为店铺营造了浓厚的开业氛围。

除此之外，商家还会充分利用当时流行的各种营销手段来扩大店铺的影响力。如发放传单是一种常见的方式。传单通常由商家提前设计制作，上面印有店铺的字号、经营范围、开业优惠活动等信息，设计得十分精美，色彩鲜艳，文字简洁明了，能够吸引人们的注意力。在开业当天，商家会安排店员在店铺周围的街道、集市等人流量较大的地方发放传单。店员们会热情地向过往的行人递上传单，并简单介绍店铺的情况和优惠活动。有些店员或员工还会穿着带有店铺标志的服装站在店外，更加引人注目。

张贴海报也是商家常用的营销手段之一。海报一般张贴在店铺的门口或附近人流量密集之处。海报或招贴的内容比传单更加丰富，除了店铺的基本信息和优惠活动外，如店铺的招牌产品、店铺的外观等，都会有生动介绍。海报的设计风格多样，有的简洁大方，有的华丽精美，都旨在吸引人们的目光，让消费者对店铺产生兴趣。

为了吸引消费者购买商品，商家还会在开业当天推出一系列的打折优惠和赠送小礼品活动。打折优惠的力度通常较大，有的商品甚至会打五折、六折。商家会在店铺内张贴醒目的打折标语，让顾客一目了然。同时，商家还会安排店员引导顾客购买。赠送小礼品也是一种很受欢迎的促销方式。小礼品的种类繁多，有的是与店铺经营相关的产品，如文具店会赠送笔、本子等；有的是一些实用的生活用品，如毛巾、手帕等。顾客只要在店铺内消费一定金额，就可以获得相应的小礼品。这些小礼品虽然价值不高，但却能够让顾客感受到商家的诚意和关怀，增加顾客对店铺的好感度。

将传统的开业庆典与商业营销相结合，使开业庆典成为了商家宣传推广的重要契机。通过这些丰富多彩的活动，商家不仅吸引了顾客的关注，提高了店铺的知名度和影响力，还为店铺的未来发展奠定了良好的基础。在民国时期的江南地区，可以说，开业庆典成为了一道独特的风景线，展现了当地商业的繁荣和文化的吸引力。

五、家庭结构与家风家教

家庭作为社会的基本细胞，其结构和家风家教对个人的成长以及社会的发展都有着深远的影响。在近代，江南地区的家庭结构发生了显著的变化，传统的大家庭逐渐向小家庭转变，核心家庭成为主流的家庭结构。这种转变一方面受到社会经济发展的影响，人们的生活方式也发生了改变，越来越多的青壮年选择背井离乡，外出到城市去寻找新的工作和生活方式，组建自己的小家庭；另一方面，社会更加注重个人的独立性和自由，年轻人对传统大家庭中复杂的人际关系和严格的家庭规范的接受度降低，更倾向于建立简单、独立的小家庭。

随着家庭结构的变化，家风家教的内容和方式也发生了相应的改变。民国时期，受到西方个人主义思想和民族主义观念的影响，家族观念逐渐淡化，个人意识开始觉醒，人们更加注重个人的权利和发展，家族对个人的束缚有所减弱。同时，民族主义兴起，使人们的家国情怀增强，开始将家族命运与国家命运相联系。随着西学东渐，教育理念逐渐更新，开始强调实用技能和现代知识的学习，许多家族鼓励子弟学习自然科学、外语和实业技能等，以适应社会的发展需求。

传统家风中，士农工商的职业排序依然较为固定，读书入仕被视为光宗耀祖的正途。随着工商业的发展和社会结构的变化，职业选择也开始多元化，商人地位有所提升，一些家族开始鼓励子弟从事工商业等新兴职业，不再局限于传统的仕途。民国时期，教育除了传统内容外，增加了现代科学知识、公民意识、民主思想等内容，一些开明家庭还注重培养子女的艺术修养、社交能力和国际视野。传统家教方式较为严苛，强调长辈的权威和子女的顺从。民国时期，受西方教育思想的影响，教育方式逐渐趋于宽松，注重启发式教育和学生的个性发展，鼓励学生独立思考和表达自己的观点，这种风气自然也影响到了家庭对子女的教育。此外，那个年代女子教育得到了很大发展，越来越多的家庭开始支持女孩接受学校教育，学习文化知识和职业技能，女子的社会地位有所提高。

在礼仪传承方面，清末，江南地区的礼仪规范繁琐复杂，如婚丧嫁娶、节日庆典等都有严格的程序和仪式。民国时期，受到西方文化的冲击和社会变革的影响，一些繁琐的礼仪逐渐简化，更加注重礼仪的实用性和现代意义。随着对外交往的增加，西方社交礼仪传入江南地区，如社交中的握手、舞会等逐渐流行。人们在社交中开始注重仪表仪态、礼貌用语和社交规范，传统的跪拜礼等逐渐被淘汰。由于民主平等思想开始深入人心，礼仪观念也逐渐发生变化，更加注重人与人之间的平等和尊重，一些体现等级差异的礼仪逐渐被废除。

六、中西杂糅的婚姻形态

婚姻作为人类社会延续与发展的重要纽带，其形态的演变是社会变迁的生动写照。19世纪末中日甲午战争，中国战败，给中国思想文化界造成强烈刺激，也为整个社会变革的起步提供了契机。以康有为、梁启超为代表的维新派人物首先从强种图存的动机出发，对传统婚姻提出反思和怀疑。如康有为在其《大同书》中指出，既然男女一样为人，则女子在婚姻关系结成和存在中的不自主不自由是不合理的。梁启超发表《禁早婚议》，认为早婚对种族的贻害无穷，是中国弱于天下的咎端之一。严复在其译著《孟德斯鸠法意》的案语中抨击了封建贞操观念对妇女的压迫，指出既然女子在婚姻中没有自由选择权，自然也就没有必要拿自己的终身做出牺牲。这以后，鼓吹推翻封建制度的革命派更从愈加深广的意义上对传统的婚姻开展全面的批判，如陈王的《论婚姻之弊》、燕斌的《中国婚俗五大弊说》、唐群英的《婚姻改良论》等，从制度、礼仪、习俗等几个方面对传统婚姻与封建统治的关系作出剖析及必须冲破这个网罗的结论。金一在《女界钟》这本具有较大影响的书里，把婚姻自由列为妇女应当恢复的六种权利之一。

近代的江南地区，由于特殊的地理位置和开放的经济环境，成为中西文化激烈碰撞的前沿阵地，这一现象在婚姻领域表现得尤为明显，婚姻形态呈现出鲜明的中西杂糅特点。

一方面，传统的婚姻观念和习俗在这片土地上依然有着深厚的根基。在江南的广大乡村地区，封建礼教的影响根深蒂固，父母之命、媒妁之言依旧是婚姻缔结的主要方式。家族长辈们秉持着门当户对的传统观念，为子女的婚姻大事操持忙碌。当子女到了适婚年龄，父母便会四处托人寻找合适的对象，媒人们凭借着对各家情况的熟悉，在双方家庭之间牵线搭桥。一旦有了合适的人选，便会安排双方见面相亲。见面时，双方家庭会对彼此的家世背景、经济状况、人品性格等方面进行仔细考察。若双方都满意，便会按照传统的婚姻程序一步步进行下去，虽然古代遗留下来的纳采、问名、纳吉、纳征到请期、亲迎等“三书六礼”都渐趋式微，但每一个环节都仍有很大影响。结婚当天，新娘身着华丽的嫁衣，乘坐着花轿，在喜庆的唢呐声和鞭炮声中，被迎接到新郎家中。进入新郎家后，新人要举行庄重的拜堂仪式，一拜天地，二拜高堂，夫妻对拜，整个过程充满了浓厚的传统色彩。拜堂结束后，还会有热闹的闹洞房环节，亲朋好友们齐聚一堂，通过各种有趣的游戏和习俗，为新人送上祝福，场面很是热闹。这些传统的婚姻习俗不仅承载着江南地区的历史文化记忆，也维系着家族之间的社会关系网络。

另一方面，晚清至民国初年，有识之士呼吁实行“文明结婚”，通行的文明婚礼共有奏乐、入席、宣读证书、用印、交换饰物、鞠躬、致辞、赠花、唱歌、茶点、筵宴等凡四十三道程序，多由醉心于西方文明者为之。其基本特征是在很大程度上带有模仿西方婚仪的色彩，许多礼仪如穿西装、换戒指、读证书等，直接从西方移植过来。在当时的社会条件下，确能给人以耳目一新的感觉。随着西方文化的不断渗透和新思想的传播，自由恋爱、婚姻自主、男女平等的观念逐渐在江南地区的年轻人中流行开来。在上海、杭州等大城市，受到新式教育和西方文化影响的年轻人，开始勇敢地追求自己的爱情和幸福。他们通过社交舞会、学校活动、工作场合等途径结识异性，在相互了解和相处的过程中建立感情。一旦确定恋爱关系，他们便会向家人表明自己的心意，争取婚姻自主。在婚礼形式上，他们更倾向于选择西式婚礼。婚礼当天，新娘身着洁白的婚纱，手捧鲜花，在父亲的陪伴下，缓缓走过铺满鲜花的红毯，将手交到新郎手中。新郎则身着笔挺的西装，神情庄重。新人许下对彼此的承诺，交换戒指，完成神圣的结婚仪式。婚礼结束后，还会举办盛大的西式婚宴，亲朋好友们围坐在一起，品尝着美味的西餐，欣赏着精彩的表演，共同分享新人的喜悦。这种西式婚礼不仅充满了浪漫和时尚的气息，也体现了年轻人对自由、平等的追求。

在这两种婚姻观念的碰撞与交融下，江南地区还出现了许多中西合璧的婚姻形式。一些家庭在保留传统婚姻程序的基础上，融入了西式婚礼的元素。例如，在结婚仪式上，新人会先按照传统习俗举行拜堂仪式，然后再身着婚纱礼服，举行西式的宣誓环节。在婚宴的安排上，既有传统的中式菜肴，也有西式的甜点和饮品。这种中西合璧的婚姻形式，既满足了长辈们对传统习俗的尊重，又符合年轻人对时尚和个性的追求，成为了近代江南婚姻文化的一道独特风景线。

七、西方丧葬文化的示范与传播

近代以来，西方文化的大规模传入，也对江南地区的丧葬文化产生了深刻的影响。西方丧葬文化强调简洁、庄重、文明，注重对逝者的尊重和对生命的思考，与中国传统的丧葬文化有着明显的差异。在这种文化交流与碰撞的背景下，江南地区的丧葬方式和丧礼丧仪逐渐发生了变化，呈现出传统与现代相互交织的特点。

西方传教士在江南积极传教，他们不仅带来了西方的丧葬与死亡文化及渗透在其中的宗教信仰，还带来了西方的文化和生活方式，教会机构按照西方的仪式为教徒举行葬礼，这种示范作用逐渐影响到江南本土民众；一些西方教会在江南开办学校，向学生传授西方文化知识，其中也包括丧葬文化的内容，使部分学生和家庭受到影响；近代江南地区的报纸、杂志等媒体逐渐兴起，它们对西方丧葬文化进行了一定的介绍和报道，也扩大了其传播范围。

具体表现在丧葬仪式日趋简化。西方丧葬仪式相对简洁，一般包括遗体告别、追悼会、安葬等环节，受其影响，江南地区一些传统的繁琐礼仪逐渐简化，不再过分强调复杂的程序和长时间的守灵等。西方的墓地规划较为整齐，墓碑形式简洁，注重个体标识。江南地区开始出现一些仿照西方风格的公墓，墓碑的设计也更加多样化，不再局限于传统“土包”的样式。传统的江南丧葬服饰以白色为主，且有严格的等级和丧服规定。西方丧葬文化中，人们多着黑色服装表示哀悼。在西方文化影响下，江南地区部分人在丧葬场合开始穿着黑色服装或在传统服饰上融入黑色元素。对逝者的纪念和追思方式也开始出现多样化的嬗变，西方有在墓前献花、设立纪念牌等纪念方式。近代江南地区也逐渐出现了类似的做法，人们开始在逝者墓前摆放鲜花，制作刻有逝者生平事迹的纪念牌等。

随着城市化进程的加快和西方文化的传播，火葬这一西方丧葬方式逐渐在江南地区得到提倡。传统的土葬需要占用大量的土地资源，而且在城市中，土地资源日益紧张，火葬的优势逐渐显现出来。一些江南城市开始建设现代化的火葬场，配备了先进的火化设备和设施。同时，西方的追悼会、遗体告别仪式等丧葬礼仪也开始在江南地区流行起来。在追悼会上，逝者的亲朋好友会聚集在一起，通过播放逝者的生平事迹视频、宣读悼词、默哀等方式，表达对逝者的怀念和敬意。这种简洁、庄重的丧葬仪式，逐渐被越来越多的江南民众所接受。

然而，传统的丧葬习俗在江南地区依然有着深厚的根基，许多家庭在采用新的丧葬方式和礼仪。传统的习惯势力是不肯轻易退出历史舞台的。例如火葬的大规模推行，一直到新中国成立之后才完全实行。在出殡时，家属依然会披麻戴孝，遵循传统的路线和仪式进行送葬。送葬队伍中，除了手持花圈的亲朋好友，还会有传统的吹鼓手吹奏哀乐，营造出庄严肃穆的氛围。到达墓地后，家属会按照传统习俗，焚烧纸钱、摆放祭品，进行祭祀活动，以表达对逝者的缅怀之情。

西方丧葬文化的传播，还促使江南地区的人们对死亡观念产生了一定的转变。传统的中国文化中，死亡往往被视为一种禁忌，人们对死亡充满了恐惧和避讳。而西方丧葬文化倡导理性看待死亡，认为死亡是生命的自然终结，人们应该更加珍惜活着的时光，注重生命的质量和价值。在这种观念的影响下，江南地区的一些人开始更加关注生命教育，通过举办报告会等方式，引导人们正确认识死亡，树立积极的生命观。

总之，近代江南地区的风俗礼仪在社会变革的浪潮中，经历了深刻的变革与转型。从社交礼仪的革新，到敬天尊祖、人生嘉礼等传统习俗的传承与创新；从建设事业仪式化庆典的丰富多样，到家庭结构与家风家教的与时俱进；从婚姻形态的中西杂糅，到西方丧葬文化的融入与碰撞，江南地区的风俗礼仪始终在传统与现代、东方与西方的交融中不断发展演变。这些变化反映了时代的发展和社会的进步，体现了江南地区人民在面对文化冲击时的包容与智慧，他们既坚守着本土文化的根脉，又积极吸收外来文化的精华，从而形成了独具特色的近代江南“礼敬人生”的风俗礼仪风貌。本卷通过对这七个维度的探讨和梳理，旨在全面展现近代江南风俗礼仪的丰富内涵和独特魅力，为研究中国近代社会文化的发展提供一些粗浅而有益的参考和借鉴。

第一章

社交礼仪的近代嬗变

从清末到民国时期，中国社会处于巨大的变革之中，传统的“五伦十义”为核心的人生礼仪也经历了近代的嬗变。“五伦”是指父子有亲、君臣有义、夫妇有别、长幼有序、朋友有信。“十义”则是指父慈、子孝、兄友、弟恭、夫义、妇听、长惠、幼顺、君仁、臣忠。

除了“五伦十义”，人们还信守“四维八德”，“四维”即“礼、义、廉、耻”。“八德”即“忠、孝、仁、爱、信、义、和、平”。“四维”出自《管子·牧民》：“礼义廉耻，国之四维；四维不张，国乃灭亡。”“八德”是孙中山、蔡元培等提出的道德规范，它是在中华传统道德基础上进行的新阐释和进一步的归纳，构筑了炎黄子孙道德准则的基石，构成中国人文精神中的精髓。近代，随着西方思想的传入、社会结构的变化和政治制度的变革，这些国粹也在内涵和表现形式上发生了一定的改变。近代中国倡导的革命，都将攻击的矛头集中指向“三纲五常”，最终将之驱逐出了政治与日常话语，这是源于西方的各种平等的政治话语冲击的结果，当然有其进步意义，但历史的断裂也在此凸显出来。自晚清以来，“五伦十义”仿佛经历着一种结构性突变，来自西方的平等政治话语，很大程度上恰恰是通过嵌入“五伦”的结构而产生影响力。

中日甲午战争以后，中国进入一个急剧变革的时代。“社会”概念普遍被学者文人所接受，也不断向公众普及，实际上它提供了一种“思想资源”和“概念工具”，被运用到实际政治思想活动中。“社会”含义的日趋明晰，反映了清末民初知识分子的觉醒，通过翻译、阅读西方文献，不少人认为国家不是帝王专制，而应该属于人民大众。在“社会”等新词语输入的同时，西方伦理学学理也慢慢走进了古老的中国。反对“三纲五常”，主张以国家和社会为重的公德观念开始出现。自先秦以来固有的伦理纲常开始动摇，被新的“群己关系”“国家—个人关系”“社会—个人关系”所取代。

父子、兄弟、夫妇、长幼和朋友之间的关系也受到新思潮的影响，在“同志”“同胞”“阶级”以及“自由”“平等”“博爱”等文明观念相继施行和提倡后，在实践层面，无论是以父子关系为主轴的传统家庭模式，还是以夫妻平等关系为主轴的新民主主义—社会主义家庭模式，都在遭遇着市场社会前所未有的冲击。

▲ 清末男女分席，女子不能入正席。图为一群女子聚在一起用餐时的情形

自由平等皆堪羡

——男女平等

关于男女社会地位的问题，不仅是一个历史问题，也是一个社会伦理问题。中国社会在进入近代之前，男女是不平等的。古代社会的封建统治，盛行男尊女卑的观念，对婚姻，女性没有自主选择的权利。而且，男性可以妻妾成群，而女性则被要求从一而终，即使丈夫去世也不能改嫁；女性通常被剥夺了受教育的权利，无法学习知识和技能，没有技能，在职业选择上就受到严格限制，只能从事一些低贱的工作，且女性通常没有财产权，财产只能由男性继承和管理，女性在经济上处于从属地位。

清人秦荣光《上海县竹枝词》咏叹上海一带妇女纺织之勤及对家庭生计的重要性："布机声轧出茅檐，织妇双搀十指尖。蓬首晨兴遥入市，妇家手挈米和盐。"附记："里媪晨抱布入市易米归，旦复抱布出，日可织布一端，有两端者。卒岁衣食全恃此。"清末苏沪一带农民家庭的实际生产，女子并不只是被供养的对象，她们不仅主内，还要助外，甚至在家庭需要和男子养家角色缺失的情况下填补空缺，承担起养家的重担，只是由于在小农耕作和家庭手工业相结合的自然经济条件下，土地等生产资料归家庭里男性占有，所以妇女只有依附于男性主宰的家庭才能生存，尽管她们很勤劳，依然摆脱不了根本上的依附性地位。

男女平等的近代女性角色和家庭伦理观念，是19世纪末在戊戌变法时期学习西方的思潮中形成并开始确立的。人数众多的贫穷妇女，逐渐开始走出家庭，到社会上去就业谋生。城市都会是个非常势利和实际的社会，茫茫人海，女子能做什么呢？一是出卖身体，沦为娼妓，开埠之后的上海娼妓业之盛，取代了过去南京、苏州、扬州等娼业发达城市，而成为全国首屈一指之地。大众化的娱乐行业兴起后，为了迎合市民的观赏趣味，说书和一些演小戏的艺人也逐渐出现女性，如说书一业，到后来甚至演变成以女艺人为主的行业。《申江

▲ 随着男女平等观念深入人心，女子社会地位提高。图为一群职业妇女聚会

▲ 1932 年冬，第二次全国内政会议上提出：各省警官学校、警士教练所每次招生时，应该录取十分之一的女生以体现男女平等

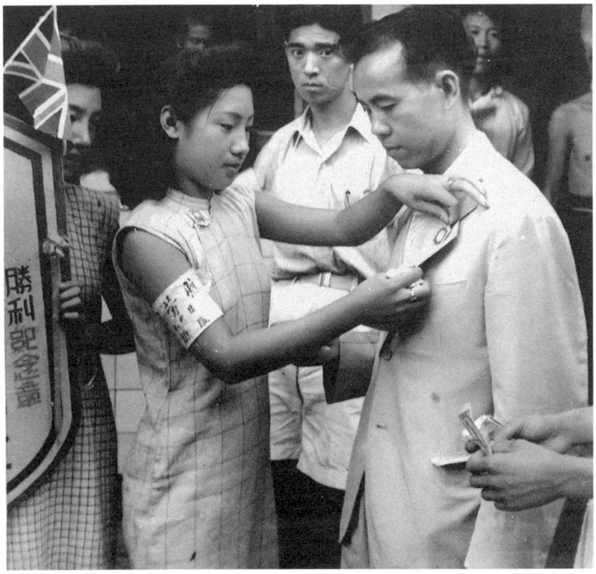

▲ 抗日战争胜利后，一位穿旗袍的女青年

竹枝词》上说："争抱琵琶到沪城，弹词多少女先生"；二是随着工商业的发展，商业竞争增强，一些商家企业为了降低成本得到更多的利润，开始雇佣工钱很低、又易于管束的女工，如纺织厂、丝织厂、火柴厂、卷烟厂的流水生产线，都离不开工薪低廉的女工；三是做大户人家的女佣，商家也有少量的女堂倌。妇女既然跨出家门，走出闺房，来到一个更为广阔的社会落脚谋生，她们也需要社会交往，需要有朋友的帮助，因而客观上也就使得女子拥有了更多的公共生活和社会空间。

女子因挣钱养家开始走出家门而走上社会，实际上已经与市场相通，而无暇顾及原先固守的家庭，她们的生存不再依附于土地，自然也不再依附于拥有土地所有权的男人。家庭与土地的分离，使女子的地位，开始从根本上发生改变。这种改变使得一些人开始以新的眼光来重新审视妇女的社会作用和家庭角色，反省传统伦理"男主外、女主内"的规范对于妇女的束缚作用，从而提出了男女平等，女子与男子应并立并用的观念。

当时报纸杂志上有关男女平等的竹枝词屡见不鲜："女学开明亦大佳，相夫教子可无涯。自由平等皆堪羡，一样人间好岁华。""学界开通到女权，自由平等口头禅。争传女国民军起，娘子军编处女连。"这些竹枝词描绘了当时学界对女权的倡导，以及女子参与军事的新形象。《申报》1878年7月15日刊有论者根据《易经》的阴阳说，批评以往由“扶阳抑阴”之说论证男尊女卑的合理性这一陈腐观念，而根据阴阳“两象并著”“两德互用”理论，提出男女应当“并重、并用、并生、并育”。这种角色伦理观念的转变，既是城市化、商业化的近代社会变革要求，也是社会化商业化环境下，妇女传统家庭生产者角色的延伸和变形。接下来引申出来的便是反对一夫多妻旧制，反对男尊女卑、男主女从的等级观，由传统向现近代化的社会变迁过程，观念的变化也是很急速的，谁也逃不过。

▲ 1930 年，民国时期上海一群女大学生合影照

见面先将尊姓通

——见面礼俗

自古以来，中国人很重视“相见礼”，讲究伦理，什么是“伦理”？“伦”就是辈分、类分、条理、次序的意思，“理”则是指准则，就是在社会生活中，人际关系要有一种合理的准则。另外还会有一些其他社会关系，如《白虎通》提到的“六纪”：“诸父、兄弟、族人、诸舅、师长、朋友也”，其实再加以拓展，就是涉及宗族亲戚、邻里乡党、师友同学、长官下属、商业伙伴等。怎样处置好这些社会关系？相识相知，第一步当然是见面，而这就涉及自古以来传承的相见礼了。

人与人见面，经过交谈，相互了解了，方能结成或疏或近的社会关系，坊间人们称之为“缘分”，纵观历史，人们相互之间所有的交往缘分，几乎都是从见面开始的，有了见面，就有了伯牙与子期知音相遇的故事，俞伯牙是音乐大师，其作品许多人听不懂，钟子期虽是樵夫，但俞伯牙弹奏的时候，钟子期却听懂了，所以称为知音。钟子期死后，俞伯牙痛失知音，摔琴绝弦，终生不弹，故有高山流水之曲，后用“高山流水”比喻知音或知己。此外，管仲与鲍叔牙的管鲍之交，廉颇和蔺相如的刎颈之交，桃园三结义，刘关张的生死之交……都在中国人中传为美谈，影响深远。师生相识、爱人相恋、朋友结缘、生意伙伴畅谈交易，都要建立在见面的基础之上，甚至最普遍存在也最奇妙不可说的父母子女的缘分，也从美妙的第一次相见开始，生发出世世代代或平凡、或温情脉脉、或扣人心弦的故事。相见，对于人的生活起着十分重要的作用，相见时的表现，也往往体现了一个人的修养，影响着人们的社交、工作和生活。

▲ 1921 年西方侨民在虹口通山路 35 号装饰喜庆的客厅里

▲ 1948 年，联合国原子能委员会工作会议上，中国代表徐仁伟博士和苏联代表交谈

古往今来，中国人都十分注重相见时的礼仪。对于每一个社会个体而言，既有修身的追求，也是道德的约束，在交往中展现出得体、适当的礼仪，会给人舒适、放松的感受，彼此都给对方留下良好的印象。所以古代的相见礼，讲礼貌、用敬语、相互友好尊重等，表现出谦逊、礼貌、文雅而有教养。《春秋左传正义》曰：“中国有礼仪之大，故

称夏；有服章之美，谓之华。”

古代士人相见，作揖，打躬，行跪拜，道万福一类的见面礼仪，流行了几千年，有许多是建立在不平等的社会关系之上的。进入近代，随着生活方式的转变，人和人之间讲究平等相见，礼仪形式自然也发生了变化，逐渐演化为许多新形式，如握手礼、鞠躬礼、脱帽礼、拥抱礼，有不少是受西方礼仪的影响。从清末民国时期描写人们相见礼数的竹枝词，可以窥见当时的社交场景和礼仪规范。《上海洋场竹枝词》：“见面先将尊姓通，再谈贵处与高踪。”其描述了在上海洋场，人们见面时先互通姓名，然后询问对方来自何处和职业等。如果是首次登门拜访，客人应该携带名片便于通报。如果主人不在

▲ 1936 年 10 月 8 日，鲁迅在第二回全国木刻展览会上与青年木刻工作者交谈

▲ 1938 年，美国记者斯诺在武汉珞珈山八路军办事处与郭沫若、郁达夫合影

▲ 1937 年淞沪会战期间，一名中国士兵与英国士兵在公共租界交谈

家，应该将名片留下以备再访。如果主人在家，客人应该在进门后脱下外套、帽子与手套，将其放在衣帽架上再进入客厅。被访者一般应于随后几日回访以示礼貌。相传，1918年，哲学大家梁漱溟还只是北大的一位年轻讲师。为了了解阳明理学，梁漱溟特意上门拜访著名理学家、北大教授杨昌济，他敲门时就携带了自己的名片。进门的时候，梁漱溟将名片递交给开门的年轻人。不过，这个年轻人却非门房，而是当时正住在恩师、未来岳父杨昌济家的毛泽东。这是毛泽东与梁漱溟的第一次见面，这个相见礼，可以让人感受到那个时代的风貌和人们的生活方式。

相传清末民初书法大家刘文玠，早年投笔从戎，投身辛亥革命，而与之交谊深厚的吴昌硕，比刘文玠年长，他们相见相知于沪上，彼此惺惺相惜。吴昌硕晚年写给刘文玠的诗：“乱离身世不寻常，笔走龙蛇气莽苍。历劫秀才商去住，谈玄老氏谢文章。瀛洲海客甘同梦，天水梅花寿几觞。顽石点头云作盖，眼穿前度一刘郎。”1944年，胡兰成第一次去见张爱玲的时候，也携带了名片，没有见到人，只是递进了自己的名片和一张小字条。没有人知道他在字条上写了什么内容，但一向高傲的张爱玲在第二天便回访了他，从此开始了影响张爱玲一生的“倾城之恋”。

▲ 清末大户人家迎客或者送客时一般都行拱手礼

过市招摇例报春

——拱手作揖

拱手礼又称“作揖礼”“抱拳礼”，起源于上古时代，早在商周时期的一些考古发现中就已经能看到拱手礼的雏形，如商代妇好墓中出土的玉人，双手相交于胸前，很类似于后世的拱手礼。作揖的最初含义是通过人和人之间的距离来表现出对于对方的敬意，而拱手礼在其演化过程中，又被人们赋予了各种各样的文化内涵。

清代学者阎若璩说“古之揖，今之拱手”。元代学者戴侗在《六书故》中解释“揖”为“拱手上下左右之以相礼也”。可见，作揖便是以拱手为基本姿势，辅之以上下左右的具体动作而成的一种礼节。至于拱手的姿势，最初是双手抱拳前举，模仿戴手枷的奴隶。这大概可以从甲骨文中能够找到蛛丝马迹，有学者考证《甲骨文编》“执”

▲ 清末过年，人们相互之间拜年时的鞠躬作揖

字的写法，甲骨文中林林总总的与“执”字有联系的有32个，也许写法有点殊异，但大体离不开“枷”和“人”的象形二字组成，只能说明它们在构字逻辑上与“执”字相关。如果将枷打开，将人的两腕纳入手枷中，然后用绳将两端绑紧就构成甲骨文中“执”字的字形。这恰似戴手枷的奴隶跪坐或站立时的形象。可以说，这是从字源学上解释了拱手礼。

据《说文解字注·手部》记载：“谓沓其手，右手在内，左手在外。男之吉拜尚左，女之吉拜尚右。凶拜反是。九拜必皆拱手。”中国礼仪的核心就是谦卑自我，敬重他人。拱手就是以自谦的方式表达对他人的敬意。后来拱手逐渐成了相见的礼节，这与西方人相见时喜欢身体亲近是不同的。司马迁《报任安书》中，除第一句以“太史公牛马走司马迁，再拜言”开头外，通篇都以“仆”自称。自称为仆，是一种自谦敬人的礼貌用语，表达自己愿作对方的奴仆，以供指使之意。

▲ 清末人们作揖的一种姿势，将双手举到额头前面，以示对别人的尊重

《论语·微子》曾载：“子路拱而立。”这里子路对孔子所行的就是拱手礼，或者叫揖礼。据说中国古代的礼仪绝大多数都源自西周初年周公开创的“周礼”。周公之礼涵盖了社会的各个方面，周代礼乐文化的主要内容也都保存在“三礼”（即《周礼》《仪礼》和《礼记》）这三本经典之中。在《仪礼》中，就规定士与士之间的交际礼仪叫作相见礼，而拱手礼就是相见礼的重要组成部分。

▲ 清末人际交往，做客时因时间过长，主人请茶暗示客人该告辞，所以听到请茶时，要留意看主人是否有送客之意

拱手礼的正确做法是，行礼时，双腿站直，上身直立或微俯，男子应右手握拳在内，左手在外，两手合抱于胸前，目视对方，有节奏地晃动两三下，并微笑着说出问候语。因为古人认为人的右手常常手执武器，阴气太重，所以右手握拳，用代表友好的左手在外，把右手包住。而对于女子来说则正好相反，应该是左手握拳在内，右手在外。中国古代拱手有吉凶之分，吉事为阳，凶丧之事为阴；男为阳，尚左，女为阴，尚右；行吉礼时，男子左

▲ 清末官场上最常见的见面礼节，边打拱边寒暄，很有人情味

手在外，女子右手在外；行凶丧之礼时，男子右手在外，女子则左手在外。

古代讲究“男女授受不亲”，加之我国自古就很讲究人与人之间的“敬意”，正是通过拱手作揖的礼仪，避免了男女见面时的尴尬，同时也能向他人表达敬意。所以，拱手礼是最能体现中国人文精神的礼仪举止。

拱手礼为士大夫之间的交往提供了一套明确的行为准则，规范了社交场合中的言行举止。在各种社交活动中，如宴会、聚会、拜访等，人们遵循拱手礼的规范，避免了交往行为的随意和混乱，有助于维护社交秩序的稳定。这种礼仪规范还体现了长幼、尊卑、亲疏等社会关系。清人彭湘作《晋风》诗，其中有“腊前冠盖一番新，过市招摇例报春”。说的是春官送春时，人们无论士、农、工、商，都要作揖礼谒，笑脸相迎的情景，从一个侧面反映出那个时代行拱手礼的普遍，说明人们在迎春习俗中互相打招呼都行作揖礼。由拱手礼演变而来的抱拳礼，其动作背后的寓意：右手握拳，寓意尚武；左掌大拇指内扣，表示谦虚，虚心向对方请教，永不自大；左手掩拳，寓意崇德，以武会友；左掌四指并拢，寓意四海武林团结奋进；两臂屈圆，寓意天下武林和谐统一于一家。

老爷再见大人灭

——跪拜礼俗

中国民俗向来重视人际称谓，在一个宗族内部，对于直系和旁系血亲关系，不容许有丝毫错乱，所以强调谱系，要有谱牒之学，要修族谱和家谱，其作用就是“正血统，别高下”，不能乱了辈分，这方面的规矩真是太多了，难以细说。作为一个个体的人，他不仅要面对族人，还得面对整个社会，而社会是由许多宗族无数人组成的，这方面也得有合适的称谓，符合大多数人都能接受的礼数，如果搞乱了，那就是失礼，失礼是很丢人的事情。

社会上的人际交往，不论是宾主交际，还是书信往还，也都需要一种准则来维系，那就是“礼”。“礼”的基本精神，是“尊人而卑己”，依此来表达对别人的敬意，如此则“有礼走遍天下”。“称谓”这种文化现象，也是一面社会文明的镜子，从中可见一个时代的风貌。中国人的称谓关乎宗法、地位、等级、声望等，尊长与后辈、主官与幕僚，上级与下属，各有各的一套称呼系统，传统社会里，这些都形成了很难逾越的规矩。

到了清代，民众对官绅一般以“大人”称呼，如藩台大人、制台大人、统领大人、道台大人、提督大人、军门大人、青天大人、老伯大人、尊大人、令兄大人等。据清代赵翼《陔餘丛考》：“惟近侍称大人，因而后世相沿，京朝官亦称之，如徐以尚书称大人也。京朝官称大人，因而京官出使于外者，亦皆以大人称之，如巡按称先生大人是也。因而遂为贵官之隆称，于是督抚亦称之。此又近日京官、外官位高者皆称大人之所自也。”可见“大人”作为对官员的敬称，在清代已经用得很滥了。而对达官贵人则以“老爷”作为尊称。《清稗类钞·称谓类·大老爷老爷》有记载：“明时缙绅，惟九卿称老爷，词林称老爷，外任司道以上称老爷，余止称爷，称老爹而已。乾隆时，内而九卿，外而司道以上，俱称大老爷。自知

▲ 清代的跪拜礼

▲ 19 世纪 80 年代，民众在公堂上跪拜。这幅照片系照相馆内摆拍

▲ 1900—1901 年，清官员提审犯人，犯人跪拜在大老爷面前

府至知县，亦称大老爷。咸、同以降，至光、宣间，知府无加衔者，以至知县，皆称大老爷。”清中后期，“大人”和“老爷”这两个称谓，都用来称呼官员，所不同的是两者有级别的差异。“大人”为知府以上高级官员的称谓，而“老爷”为县以下级别官员的称谓，正县品则称“大老爷”。

然而，清末民国时期，随着国门逐步打开，西方文化大量涌入，

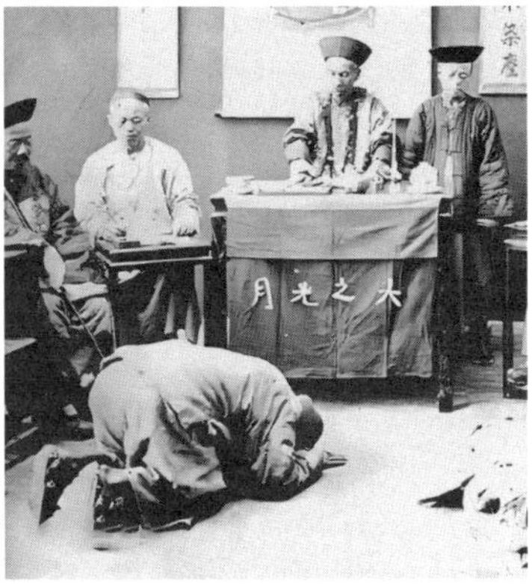

▲ 晚清民众对官员行跪拜礼

▲ 1864 年起，各地租界先后设立会审公廨，专门审判中国居民为被告的案件，图为跪着受审的被告

当时的国人不仅面临着思想观念的转型，日常生活中的称谓习俗也发生了巨大变化。民国建立后，什么“大人”“老爷”之类，都逐渐销声匿迹，1912年3月20日《申报》载：“共和政体成，专制政体灭；中华民国成，清朝灭；总统成，皇帝灭；新内阁成，旧内阁灭；新官制成，旧官制灭；新教育兴，旧教育灭；枪炮兴，弓矢灭；新礼服兴，翎顶补服灭；剪发兴，辫子灭……”这节文字描述了辛亥革命后，社会制度、政治体制、教育、礼仪等方面的变革，其中包括称谓的改变，如“总统”取代“皇帝”，“新礼服”取代“翎顶补服”等。《时报》1912年7月16日载：“先生再见，大人已灭；老爷再见，太太已变。”这则记载反映了民国时期社会等级制度的废除和称谓的变化，“先生”“太太”等称谓逐渐取代了“大人”“老爷”等。“老爷再见大人灭”，简洁的文字，生动地反映了清末民国时期社会生活中称谓的改变，以及社会变革对人们生活的影响。

民国称谓语的变化，还表现在尺牍的书面语上，书札一般包括称谓语、提称语、思慕语、正文、祝愿语和署名。根据写信对象的不同，大体有长辈、平辈和晚辈的区分，也有亲疏远近的差异，比如有年轻人给钱锺书等前辈写信，他们的回信照例写“某某兄”，结果那年轻人自豪地炫耀：钱锺书与我称兄道弟了。其实，老师称学生为“弟”即弟子的意思，并不是兄弟的用法。老师若称学生为“兄”，那表示师生关系还不够亲密，而陌生的长辈称某人为兄，那纯粹是客气而已。称谓既反映出了华夏之邦讲究礼仪，又透射着一种“自卑下之道”的“谦恭精神”，“尊人而卑己”，一般都谦称自己，尊称别人。中国文化底蕴深厚，礼仪博大而精深，值得细细品味。

握手相逢姑莫林

——握手相逢

1912年8月，由中华民国临时大总统颁布礼制令，明确规定脱帽鞠躬和不脱帽鞠躬分别为男子和女子的相见礼节，从制度上正式实行了对跪拜与作揖礼节的废除。这些新的礼节和称谓，反映出近代社会人与人之间的平等关系，脱帽、鞠躬、握手、鼓掌等新礼俗，逐渐成为中国人际交往的“文明仪式”和“文明礼”，反映出社会礼俗的进步趋向。

▲ 1933 年 2 月 17 日，上海宋庆龄住宅院内，鲁迅与萧伯纳、蔡元培合影

据说，在上古社会，那时人们狩猎和战争时，手上经常拿着石块或棍棒等武器。他们遇见陌生人时，如果大家都无恶意，就要放下手中的东西，并伸开手掌，让对方抚摸手掌心，表示手中没有武器。据说英国骑士彼此见面时，伸出握武器的双手，表示没有用武器攻击对方的意思，彼此相安。这种习惯逐渐演变成西方人的“握手”礼节，如今，握手已成为世界通行的礼节，成为不同族群、不同国家使节相互见面和离别时的礼节。此外，握

▲ 民国初年，胡適博士在火车站与中外友人握手

手礼还含有感谢、慰问、祝贺或相互鼓励的表示。应该说，近代从西方传入的握手礼，在中国的推广和实施，为中国传统礼仪注入了新的内容，有助于简化人际交往的礼仪规范，直到今天，握手礼还是中国人最常使用的见面礼和告别礼。

其实，中国传统礼仪的“作揖”礼，大体是双手抱拳点三点，意思是以拳代首，向对方行的叩礼。古人行作揖礼，在接受某一种启示或请求时，答应对方的一种肯定式的行礼方式，与此相应的动作，还有一个很美好的词：“诺”。这就是答应了，有一个成语叫“一诺千金”，说的就是这种庄重的然诺。其实，人类所有的礼节，都是出于获取对方信任之目的。中国人早期的拱手礼、作揖礼与西方人的握手礼，具有异曲同工之妙，古代生产力不发达，物资奇缺，不同部落的人都面临着严峻的生存威胁，要使各种联盟建立起来，就需要彼此之间的坦诚与信任。而拱手礼，与握手礼的意义一样，实际上是在向对方表示，双手在前，藏着掖着什么明明白白，身体微屈，表明没有蓄势伤人的打算，这是一种表示和平的诚意与敬意。

清末张祖翼出使西方国家，写下了西人“见面礼与告别礼”的竹枝词云：“握手相逢姑莫林，喃喃私语怕人听。订期后会郎休误，临别开司剧有声。”他说，西人见面时，彼此握手，说“姑莫林”，Good morning。临别的“开司”，就是Kiss，拥吻之意。民国初期，握手礼被引入中国，作为一种新式的见面礼节。据说，孙中山认为握手礼是平等、友好的象征，能够体现民国人与人之平等的精神。然而，由于传统习惯的影响，握手礼在一开始并没有被广泛接受，甚至还引发了一些尴尬和误解，李伯元小说《文明小史》中，有一个场景描述了意大利地质专家与中国县官初次相见的情景，县官错把左手

▲ 1936 年卓别林来华旅游，梅兰芳在上海“梅华诗屋”与这位艺术大师亲切握手

▲ 1938 年“八百孤军”团附谢晋元（左）参加网球友谊赛，与网坛名将韦镇兴握手

▲ 1945 年 1 月，中国远征军司令孙立人将军与盟军司令、美国人刘易斯·A·皮克将军紧紧握手

伸出来，意大利矿师便拒绝与他握手，这反映了当时中国人对握手礼还不太适应。随着时间的推移，握手礼逐渐在中国社会中普及开来。尤其是在新文化运动后，握手礼成为了一种时尚和进步的象征，被越来越多的人所接受和使用。在一些正式场合，如会议、谈判等，握手礼已经成为了必不可少的礼节。

1943年10月，国民政府有关部门在陪都重庆北碚温泉举行礼制讨论会，会后刊行的《北泉礼仪录》正式将握手礼载入官吏仪节。有许多人不懂握手的规矩，如长久地握着异性的手不放，用左手同他人握手，更有人握手时左顾右盼，罔顾左右，甚至越过其他人正在相握的手同另外一个人相握，这些都是不懂得礼仪规范，容易被人们认为是一种失礼行为。为此1945年重庆商务印书馆出版的《欧美礼俗》中就特别介绍了握手礼节："与位高于我者见面时，必由位高者先伸手""与妇女见面时，必须由妇人先伸手""与妇人见面时如对方伸其手作下垂式，必须握其手而吻之""女子可着手套与人握手""握手时不可混杂，尤忌作交叉式，如忙中偶尔失检必须重为之"等，在现代汉语里，"妇女"是对成年女子的通称，一般指年满14周岁以上，而"妇人"则专指已婚女子。那时对妇女和妇人的礼节之正式周到比今天更为讲究。任何程式化的礼仪，都有文明的内在意义。中国人的"敬"与西方人的"亲"，是完全不同的两种意思。但是有意思的是，东西方都采用了握手礼作为常规礼仪。

贺礼多收千百种

——礼尚往来

礼尚往来，这句话出自《礼记·曲礼上》，原文说："太上贵德，其次务施报。礼尚往来。往而不来，非礼也；来而不往，亦非礼也。"这段话的意思是，"礼"是提倡有来有往的，在人际交往中，它是相互的、对等的，一方面，它体现出人们交往过程中的平等精

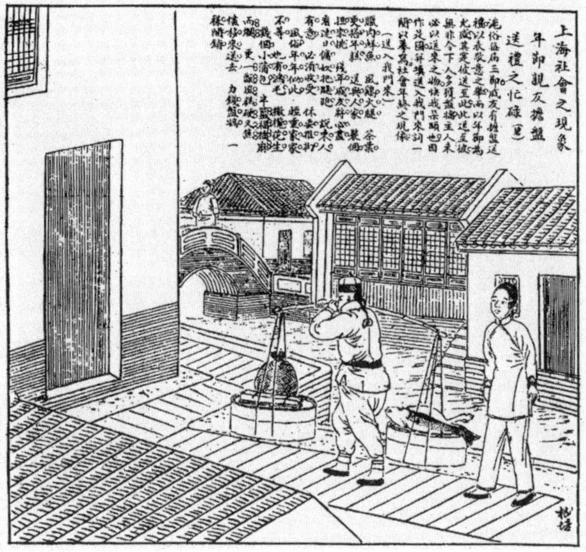

▲ 清末上海《图画日报》有“年节亲友担盘送礼之忙碌”，表现出送礼风俗

神，无论交往双方的社会政治身份多么悬殊，“礼尚往来”保证了地位较低者能够得到足够的尊重；另一方面，“礼尚往来”也体现了古人对于“施惠”之情的珍重。于我而言，他人的施惠并不是天经地义的，而是一种善意的赠与，无论恩情深浅，都不可轻慢对待，这是对他人的尊重，也是对自我的尊重。

清末民国民间送礼的讲究和礼仪因阶层、群体、身份、地位以及少数民族风俗习惯的差异而有所不同，作为一种普遍存在的社会行为，有关“送礼”与“随礼”的行为就变得很有意思，岁时节日、人生贺仪常常是送礼与随礼比较集中的时机，当然还包括社交与非近缘的一些民间馈赠及文人之间的馈赠。交际风俗是社会生活中人际关系的一个缩影，更是社会不同阶层、群体之间，互动关系与效应的生动体现。

官场上的送礼，就如同买官卖官一样，清代几乎已经到了公开化、制度化的地步。夏日有所谓“冰敬”，冬日有所谓“炭敬”。一个官员要想在官场上站稳脚跟，必须首先学会向上司送礼。“十分精神，七分用于交结”。送给谁，送多少，什么时候送，怎么送，都有所讲究与考量。当时，官员送年礼，直接就是送银子了，会把数目写在信封上，但不是直接写数目字，而是用非常艺术化的方式来暗喻。如写“梅花诗八韵”，就是8两；写“强仕”，《礼记》“四十强而仕”就是40两；写“大衍”也是易经里的典故，就是50两，写“耳顺”则是60两，还有“百寿图一轴、两轴、三轴”，代表100两、200两、300两，不一而足。官场的肮脏，把送礼的礼俗，直接变成了金钱交易，表面上很文雅，其实是烂透了。

晚清翁同龢辞谢赠银被传为佳话，作为读书人，诚心正己是重要的修身功课，《翁同龢日记》对辞谢赠银、赠物记录得特别详细，但也有学者对比其日记中的私人财务记录，认为是不完整的，许多礼物都没有记录。不过，翁同龢还是把洁身自好放在重要位置，诚心正己是重要的修身功课。他在担任底层官员时期，有人敬送赠银，他大多璧谢了事。特别是在他经济情况足以应付生活后，他进一步认为不该再收同乡的辛苦钱了。

普通民众之间的馈赠，包括迎春、夏日、秋节与辞岁等则显得人情融融，很有味道，清末民国有竹枝词云："拜年未了接财神，爆竹通宵闹比邻。贺礼多收千百种，全凭帖子写来真"，在描绘拜年和接财神的热闹场景的同时，也记录了人们通过帖子记录贺礼的情况，反映了当时民间送礼馈赠的习俗。再如人生贺仪馈赠，涵盖生育馈赠、婚恋馈赠、寿考馈赠等。在生育馈赠方面，当婴儿出生时，亲友会赠送鸡蛋、红糖、小孩衣物等礼物；在寿考馈赠方面，老人过寿时，晚辈会送上寿桃、寿面、衣物等贺礼。至于社交与非近缘性馈赠，包含村社馈赠、邻里馈赠、尊师馈赠、学友馈赠、商业馈赠、江湖馈赠

▲ 1917 年，西方侨民给他儿子带来的生日礼物，家政人员在礼物旁留影

▲ 20 世纪 20 年代，日本人在北四川路上开设的中国特产礼品店

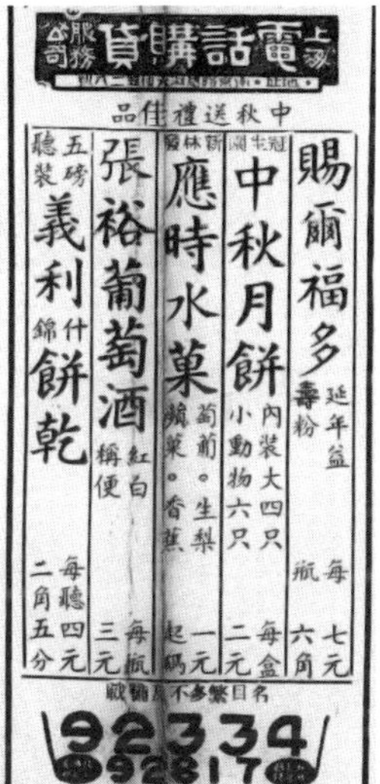

▲ 1940 年中秋节前夕，上海推出电话订购礼品之服务，图为连续在《力报》上刊登的广告

▲ 1941 年张裕葡萄酒公司在《庸报》发布的“中秋礼品”广告：“真心送礼须买真货，送者诚意受者铭感”

等。互相赠送礼品，以增进合作关系，也是人之常情，此类馈赠与官员之间的权钱交易、利益输送大相径庭。

还是文人之间的馈赠比较有意思，有日本学者将礼物分为“表达性的礼物”与“实用性的礼物”，例如朋友乔迁之喜，如果不想直接送红包，可以考虑挑选一份精致的实用性礼物送给对方，更能表达祝福和心意。民国时期的礼物很盛行带有文人知识分子特性的书籍、相片与字画等。值得一提的是肖像照片在民国时代独具社交的魅力，朋友之间盛行相互赠送肖像与小照，并喜欢在照片上题词，以示友情与牵挂，也通过如照片的拍摄日期等向亲朋报告近况，这应该算是“表达性的礼物”了。夏衍曾经在《哭杨潮》的文章里说他的朋友杨潮送给他“一对英国芙蓉，送了之后又把养这种鸟的知识传授给我，怕我听过忘记，边讲边写，累得我惶恐不安”。

有共同志趣、关系较为亲密并有进一步加深来往意向的同事、朋友之间多以蕴涵不同格调与意义的具有实用性的装饰摆设品作为礼物，可以进一步加深互相之间的良好关系。

▲ 20 世纪 30 年代，江南地区一般家庭合影，俗称“全家福”，聚在一起通常举行家宴

酒席几番宴宾客

——宴会礼俗

自古以来，江南人家与中华各地的家庭一样，设家宴款待亲朋好友、至爱亲朋，是待客之道中最高的礼遇。形成了充满人情味的家宴文化。家里的饭桌，在国人心里总有着无可比拟的情感象征与诉求，毕竟，外面的山珍海味再奢华，也品不出那种沉淀在家常烟火里的温情和味道。

特别是寻常的日子中，家庭要是碰上添丁之喜、乔迁之喜，或者什么贵客临门，一般殷实人家总得酒席款待，清末民国有一首竹枝词说：“一人降世百人迎，设帨悬弧喜气腾。酒席几番宴宾客，肇端预祝好前程。”“设帨”和“悬弧”，都是周礼。前者表示生女时挂手帕于门右；后者表示生男时，挂弓于门右。旧俗婴儿诞生后，有诞生礼、三朝礼、满月礼、百日礼、周岁礼。主人家宴请宾客，宾客送礼。“有朋自远方来，不亦乐乎？”以老上海为例，从前的饭馆餐饮业社会化服务的程度与今天没法比，除非婚庆寿诞，一般上海人都是在家里宴请，那时普通人家几乎家家都会备有圆台面，闲时折叠成半月形，倚在晒台上或楼梯转角处，一旦要聚会吃饭，圆台面就拖出来待客。老上海人精于核算，在家里宴客，做东人家当然既忙又累，早早就要去菜市场准备食材，但比起下馆子还是要经济得多。老派人家也喜欢时不时地请至爱亲朋过来聚一聚，闹猛闹猛，一户人家总要有人气，人们相信聚会的人气旺盛会给家里带来好运。

像去参加生日宴之类，规格要超出一般家宴的水准了，上海话叫“吃酒水”，就要有点正式的腔调了，例如座位席次的讲究，老辈人

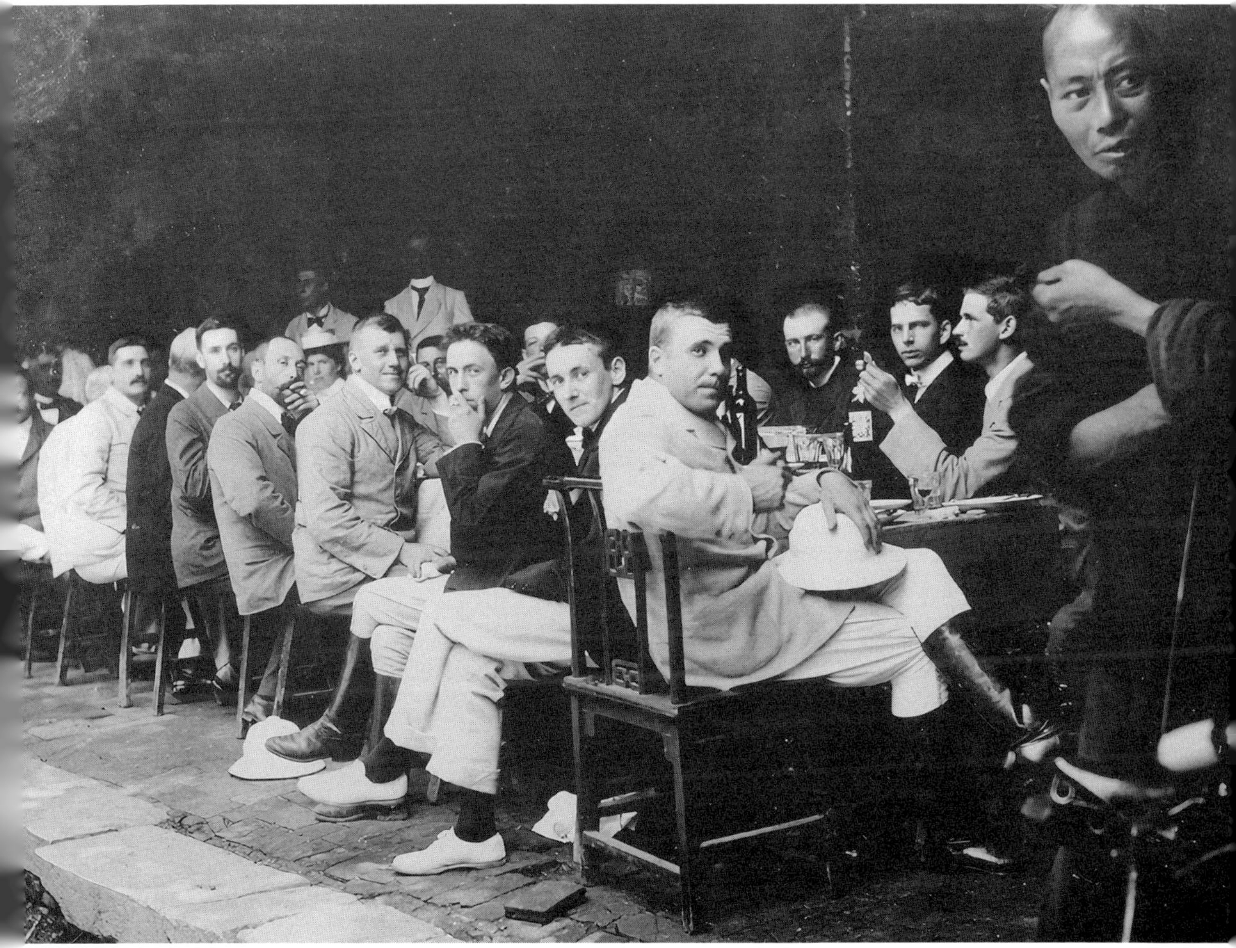

▲ 1899 年在海关工作的西方工作人员，一起在南京用餐

或德高望重者坐在座位上首，差不多是指对着门，或者靠左的那一侧；下首就让小一辈的年轻人坐，通常是靠外或者靠右的一侧。上菜的程序也有讲究。首先是冷盆。客人尚未入席，冷盆应该已经摆在桌子上了。通常有四到八碟冷菜，或者一个大拼盘，里面也须装满四到八样冷菜。客人就座后倒酒或饮料，然后先让大家品尝冷盆，随意说话。接着就上热炒。热炒的头道菜，一般会上“清炒虾仁”，因为在上海话中“虾仁”和“欢迎”谐音，让客人有“宾至如归”的好感觉。然后上的是大菜，主要有：栗子鸡、八宝鸭、走油蹄髈、水笋烧肉等。接下来要上点心，有酒酿圆子、水果羹等。最后上汤。上海人也会喝酒助兴，但不喜欢贪杯。这是市区的家宴，要是到郊区，江南人家从前正式的家宴被称为“四六四”喜宴。其中，第一个“四”指四只冷盆，采用拼盆方式，每盆包含三种菜肴，两荤一素。第二个“六”是六道热炒，被称为“六小碗”。最后一个“四”则是四道大菜，基本要求是整鸡、整鸭、整鱼等，排场相当大。

上海是一个有边界感的城市，这个“边界感”可能是在20世纪30年代就形成了。不干扰别人的生活，也不希望自己被别人干扰。除了特别的家宴之外，一般去上海人家做客，到了饭点，留饭也是人之常情。即使小孩子来做客——邻居小朋友、儿女的同学、亲戚的小辈来，哪怕就是来送样东西带个口信，都要以礼相待，怠慢不得，称之为“小客人”。这也是小孩父母的面子，不留下吃点心，也要带几粒糖果、花生回去才算不失礼。主人说是吃个便饭，其实起码也有四菜一汤的荤素搭配，主要在一份交情，而不在菜肴的多少。

▲ 20 世纪 20 年代，上海公共租界举办宴会场景

▲ 1928 年国府外交人员举办的一场宴请

▲ 20 世纪 30 年代，洋场有钱人家里都有豪华的客厅用来接待关系客户与好友

老派上海人劝客的常用语是“小菜没啥，饭要吃饱！”所谓交情，就是这样在平常的日子里点点滴滴汇聚而成。

当然，作为做客的人，则应了一句古话：“客随主便”。所以去做客，要有做客的礼数。上海人是不会空手上门做客的，于是便会挑选一些礼物带去，表示自己的礼貌。但礼物的挑选也是颇费思量，有一定讲究的。有些人送礼上门，既不考虑礼物是否合适，也不考虑对方的感受。要么是买了太过贵重的物品，让别人以为是有求于己，产生不必要的联想。老话常说：“千里送鹅毛，礼轻情意重。”送礼的重点在于情，而非礼物本身，无论是什么样的礼物，都应该符合彼此的身份。做客就是充分顾及主人家的面子，尊重主人家的生活，才能不辜负这一片真情。随着时代的发展，以上习俗到中华人民共和国成立后又发生了很大变化，规矩已没有那么烦琐和讲究，但穿戴整洁、不高声喧哗、文明用餐的良好习惯还是为人们共同遵守的。

栀子花开满院香

——鲜花寓意

民国初年徐珂《清稗类钞》“苏女卖花条”云：“苏州花圃，皆在阊门外之山塘。吴俗，附郭农家多莳花为业，千红万紫，弥望成畦。清晨，由女郎挈小筠篮入城唤卖。昔人谓金陵卖菜佣亦带六朝烟水气，而吴中卖花女郎，天趣古欢，风姿别具，亦当求诸寻常脂粉之外。上海亦有之，则率为移居之苏人，赁地而自种自卖者也。”可见

▲ 1922 年新式迎宾礼仪：献花

民国时期上海的卖花女，以苏女最著名。

苏州花农来到上海，租地种花，自种自卖。“栀子花、白兰花”“白兰花要哦？”街市上吴侬软语的叫卖声，成为上海街头一道独特的风景。在市中心行人较为密集的街市、车站附近，卖花的人一般是上了年纪的老婆婆，清清爽爽，提着小竹篮，讲究的还用个茶盘托着，上面铺着白毛巾，毛巾一半铺在盘子上，一半折过来稍微盖着点花。一朵一朵的花梗上用白棉线穿好，是一对一对卖，一般卖花娘还备有针线，以备为客人串花，两朵，四朵，总是不厌其烦的。

为什么到夏天，女子喜欢随身佩戴一朵白兰花或者茉莉花？因为每年的芒种后，也正是栀子花、白兰花、茉莉花的花期，白兰花无毒，性味苦寒，浓郁芳香，有清热解毒的功效；栀子花直到近夏至才会绽放，含苞期愈长，清芬愈久远；夏天气温高，人也容易烦躁，佩戴这些花朵，也有调节情绪的作用。时尚的花卉书上介绍栀子花的“花语”是永恒的爱与约定。

可是，这大千世界哪有什么“永恒”？要说有永恒，那就是永恒的变化与变动。在江南，因栀子花多在夜里盛开，沾了月光的灵气，人们时常将栀子花与月亮联系在一起，给人冰清玉洁的感觉，它虽然没有牡丹的娇艳，却不失荷花的妩媚，宛如小家碧玉般清秀隽永。有关栀子花在江南还有这样的传说——

栀子花是天上七仙女之一，她憧憬人间的美丽，就下凡变为一棵花树。一位年轻的农夫，孑身一人，生活清贫，在田埂边看到了这棵小树，就移回家，对她百般呵护。于是小树生机盎然，开出了许多洁白的花朵。为了报答主人的恩情，她白天为主人洗衣做饭，晚间香飘院外。老百姓知道了，从此就家家户户都养起了栀子花。

▲ 不管是什么时代，女人都爱花

不独在江南，全国大部分地区都有栀子花栽培，湖南岳阳市的市花就是栀子花。唐代大诗人杜甫在万千鲜妍中寻到栀子花，诗人为栀子花的姝艳而感怀，留下了不朽的诗句：“栀子比众木，人间诚未多。于身色有用，与道气伤和。红取风霜实，青看雨露柯。无情移得汝，贵在映江波。”这位诗圣对栀子花也真是情有独钟。

宋代大文豪韩愈有“雨中芭蕉栀子肥”的名句，栀子花也时常出现于雨后诗人闲闲的笔调中，最入心的莫过于“闲看中庭栀子花”。明代一位叫丰坊的诗人作《栀子花题画》诗：“金鸭香消夏日长，抛书高卧北窗凉。晚来骤雨山头过，栀子花开满院香。”饱蘸雨露的洁白花瓣，散发的清香自然也是带着雨后的清气。默默落在庭中的栀子花等待的正是这一切所映衬出来的闲闲慢慢。栀子花与文人的书卷气竟然有不谋而合的关联，难怪古往今来许多文人墨客咏“栀子花”的诗文连篇累牍。

平生听过民间太多的鲜花寓意的故事，江南许多地方都建有花神庙，每年还举办“蚕花庙会”，以方便人们祭祀迎送花神，为花神归位饯行，以期来年再会。《红楼梦》里那位多愁善感的林黛玉，面对花谢花飞，不禁顾影自怜，感慨良多。她不忍那些残花落瓣被风吹日晒，认为埋在土里最干净，于是便有葬花之举，还吟出一首令人心碎的葬花词，传之久远。

民间更有诸多的送花礼仪，如选择合适的花材；根据送花的场合

▲ 20 世纪 30 年代，南通一群孩子手捧花束

▲ 20 世纪 30 年代，上海街头卖花小贩正在向一对老外情侣兜售鲜花

▲ 1945 年抗战胜利后的上海，挑着鲜花担子卖鲜花的男子

和对象选择合适的颜色，搭配花束或花篮，注意送花的时间和场合，附上祝福的话语，如同民国时期广州一首竹枝词说的：“羊城世界本花花，更买鲜花度岁华。除夕案头齐供养，春风吹暖到人间。”不同的鲜花在竹枝词中可能有不同的寓意，这些寓意往往与当时的社会文化、风俗习惯以及人们的情感表达有关。

也向人间斗丽华

——新民形象

1900年，是庚子年，爆发了八国联军侵入北京的庚子国变，在这次国变中，清政府的腐朽无能表现得淋漓尽致，八国联军在北京无法无天，烧杀淫掠，无数文物珍宝被劫掠一空，北京城只剩一片残垣断壁，损失不可估量。1901年9月7日，李鸿章代表清政府和列强签订了丧权辱国的《辛丑条约》，意味着中国已彻底沦为半殖民地半封建社会，给中国人民带来了深重的苦难。但出人意料的是，面对八国联军的入侵，大清民众的态度却异常冷漠，有的甚至成为外敌的帮凶。这种状况，使得甲午战后就高呼维新变法的一些文人与知识分子

▲ 1929 年安徽芜湖新青年，女性短发高领，柳眉细腰；男性身着长衫，头戴礼帽

愈发痛心疾首。

面对危局，许多有识之士提出了他们挽救危亡的新主张，方案层出不穷，其中梁启超提出的培养新民说，产生很大影响。梁启超认为，“新民”必须具有新道德、新思想、新精神、新的特性和新品质，诸如国家思想、权利思想、政治能力、冒险精神，以及公德、私德、自由、自治、自尊、尚武、合群、生利、民气、毅力等。1902 年，《申报》报道了一位名叫王照的人，他在上海创办了一所“女学”，提倡女子教育，培养新民形象。王照认为，女子教育是培养新民的重要途径，只有通过教育，才能让女子摆脱封建礼教的束缚，成为有知识、有文化、有道德的新民。

新民形象，改变何其艰难！这种思想由酝酿到提出，本质上是以梁启超为代表的资产阶级知识分子在寻求融合中西方文化的途径，以思考和解决国家前途、民族命运问题的一种求索。这个大得无边的题目，就是改造中国人国民性的课题。1918年青年毛泽东在湖南第一师范学习期间，与蔡和森等13人组成的一个团体，就叫“新民学会”，其初期的宗旨是“革新学术，砥砺品行，改良人心风俗”，以后的实践深感此路不通，而改弦易辙，立下以“改造中国与世界”为宗旨的革命意志，坚定地走上了救国救民的道路。

1927年之后，南京国民政府重提国民的“新民形象”。1934年2月南昌行营发起的新生活运动，是近代中国第一次由政府主导的改良民众日常生活的运动。自解除海禁以来，中国人一直在探索解救国家于危亡的道路，从对技术的追求，到政治维新，到政体改革，再到新文化运动，至国民革命等，都没有解除中国面临的危险。当时的国民政府认为，“中国病根，不在政治制度本身，而在人心风俗之颓败：病的心理与恶的习俗一切改革之障碍”。他们试图将“新民形象”与现代国家的治理相结合，定义为“礼义廉耻”固有道德的传承，又将“规矩”和“清洁”视为复兴国民道德的第一步，对民众日常行为的细节都做了详细规定。

▲ 20 世纪 30 年代穿长衫的男子，习以为常的绅士风度令人如沐春风

▲ 1940 年早春上海百老汇大厦前，两位身穿呢子大衣和裘皮大衣的女性在交谈

那个年代，江南地区也出现了一些提倡做“新民”形象的竹枝词，表达了对新思想、新风尚的追求和倡导。“时装新样学欧西，窄袖短衣大袖题。楚楚腰肢娇又软，轻盈体态似丸泥”。人们穿着欧式的窄袖短衣，展现出轻盈娇软的体态和追求时尚的新形象；“大脚新妆尽足夸，短衣窄袖走天涯。红颜不把须眉让，也向人间斗丽华”，这是说的大脚新妆的女性形象，她们穿着短衣窄袖，勇敢地走向社会，展现出不逊于男子的风采。新生活运动促进会牢牢掌控在国民党政府手中，其实施主体则主要是军队、警察和童子军，另外则有青年、劳工、商人、妇女等社会组织提供配合。运动旨在改变人们的卫生和生活习惯，包括精简丧葬婚嫁礼仪、不吸食鸦片、不随地吐痰、不随地大小便等，核心落在“衣食住行”上。这些活动看上去非常宏大，可惜在那个风云变幻、世事混乱的年代，也没收到多大效果。

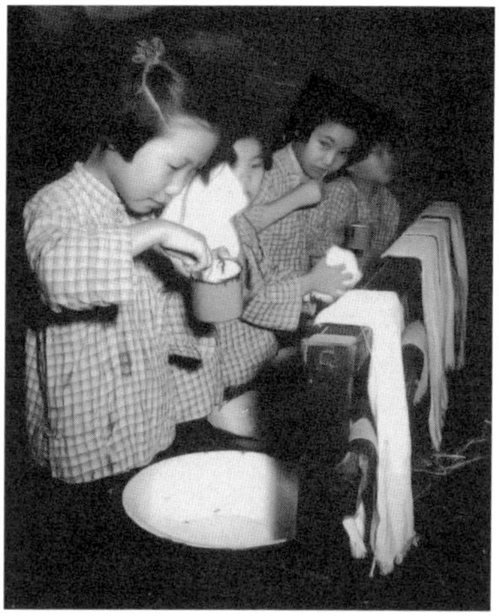

▲ 1948 年上海孤儿院中的小女孩在洗脸刷牙

▲ 1948 年在距离上海市区约 16 千米的曹行镇。图为收容战乱遗孤的抚育中心的儿童

第二章

敬天尊祖与崇德报功

中国传统的礼文化，其实质是以等级秩序为核心，通过规范言行、维系伦理来协调人际关系、稳定社会结构的价值体系与行为准则。用礼来昭示天道人情，天下国家才能做到合乎规范。故礼以冠礼为起始，婚礼为根本，丧祭为重要，以朝覲、聘问为尊敬，以乡饮酒礼和射礼为和谐，这就是礼的原则。祭礼是流传时间最长、受众人数最多、影响最为突出的文化形式之一。《礼记·祭统》曰：“凡治人之道，莫急于礼；礼有五经，莫重于祭。”

祭天为古代的重大祭祀活动，不同民族有各不相同的祭天仪式。起源于上古时期。是人与天的“交流”形式，是对“天”的敬畏和感恩之情的表达。在古代中国，皇帝被视为“天子”，他们认为自己的权力和地位来自“天”的授予。因此，祭天成为了皇帝的重要职责之一。祭天礼复杂而完整，主要过程包括迎神、行礼、进俎、初献、亚献、终献等。冬至祭天盛于唐宋，明清间更为隆重尊崇，并且逐渐流传至民间，演变为冬至祭祖的传统习俗，称为“祭冬”或“拜冬”。帝王以“祭天”彰显君权神授的等级秩序，民间仿之以“祭祖”构建家族伦理的差序格局，二者均以信仰仪式强化权威认同与社会分层。

祭祖仪式通常在家族宗祠或祖庙中举行，家族成员会在祭祀仪式上向祖先献祭，祈求祖先的保佑和庇护。“孝”是一切道德的根本，一切教育的源头，也是维系中华民族千万年道统承传的核心价值观。我们的生命来源于父母与祖先。祖先是我们家族的根，根深才能叶茂。

孔子是中国古代的思想家、教育家和文化名人，他的思想和学说对中国和世界文化产生了深远的影响。民国时期的祭孔仪式通常在孔庙举行，学生和学者会在祭祀仪式上向孔子献祭，有初献礼、分献礼、终献礼等环节，全程依循古礼。主祭官朗读祭文，多为四言，内容表达对孔子敬仰。读毕祭文，全体人员行鞠躬礼，一般为三鞠躬。有的地方祭孔后会有集体聚餐，参与人员共同用餐，交流互动。有的地方当天下午还举行庆祝教师节活动，慰问优秀教师。这些祭祀活动不仅是对神灵的敬畏和对祖先的感恩之情的表达，也是中国传统文化的重要组成部分。它们反映了中国古代社会的价值观和信仰体系，对于维护社会秩序、增强民族凝聚力和文化传承具有重要意义。

▲ 1870 年宁波寺庙里的祭坛

▲ 清朝流传下来的祭祀天地的鼍鼓

国祭国礼重如山

——祭祀之鼓

华夏乃礼仪之邦，对传统的祭祀之礼特别讲究。所谓祭祀之礼，与人类社会早期的原始图腾崇拜不无关系。从最早的自然崇拜、图腾崇拜到神灵崇拜，人类文明中的神灵观念是传统祭祀文化的催产婆。一般来讲，伴随着神鬼观念，祭祀的表现形式就是通过向神鬼奉献食物和供品以求得神灵来护佑人类。

原始社会的社会生产力极其低下，人们的认知能力也很有限，自然界的风雨雷电、日月运行，说不清、道不明的天灾人祸都让人感到恐惧与敬畏。人们以为大自然，如山川、河流、太阳、月亮等自然元素的背后，有某种神秘的力量在操控。对大自然的崇拜，便产生了原始的信仰。这种信仰认为自然界具有神秘的力量和灵性。某些部落或族群甚至将特定的动物、植物或其他符号视为图腾，认为与之存在特殊的联系和保护关系。

▲ 民国初年祭祀大典中敲起响鼓之礼

▲ 1905年，支架上的两个鼓

最早的图腾崇拜出现于氏族社会。在原始人的眼中已经不是原本的动植物，而是被人格化、神圣化了的崇拜对象。这就是“万物有灵”的雏形，也是对“神”和祖先的崇拜的萌芽。虽然图腾是氏族部落对自然物的歪曲和夸大，但当它形成一种思想共识、一种古老信仰，就成为人间许多习俗的源头。原始信仰是各种风俗的源头。人类尚未形成，太阳和月亮就已经存在了，对万物的滋养让日月更加光辉神圣，可以说对太阳和月亮的赞誉和崇拜，是世界性的，永生的日月是世间活生生的统治神，生命在日月的普照之下繁衍生息。远古先人从朴素的日月崇拜渐渐演变成对太阳神和月神的崇拜，将日月拟神化，日月之神和其他的神明一样，怜悯众生，也有喜怒哀乐，对人世间的生产生活有着直接的利害关系，人们开始敬畏日月，思考日月。据史书记载，早在周朝，帝王礼制中就有春分祭日、夏至祭地、秋分祭月、冬至祭天的习俗。《礼记·祭义》还记载：“祭日于坛，祭月于坎，以别幽明，以制上下”，而祭祀的目的，就是渴望从日月星辰中获得力量，带来丰收，带来人世间的富足与平安。

我国殷墟出土的甲骨文中也有许多关于“宾日”“出日”“入日”的记载，反映了殷人在日出、日落时都有礼拜的风尚。《尚书·尧典》也有“宾日”于东，“饯日”于西的记载。那时，虽然没有固定的拜日场所，只是每天早上向着太阳作揖、跪拜而已。在古人看来，日月运行如同是人世间的秩序象征，倘若发生日食或月食之类现象，就会感觉是人间政治秩序的失常。这是大事，需要拯救，于是便有了“救日”之举。《左传》上有数则救日故事，而救日的主要方法就是伐鼓。所谓“伐鼓救日”的古代仪式，就是这么来的。人们奔走呼号，奋力击鼓，用牲用币于社，置旗幡、兵器。汉代的天子救日要身着素服，避正殿，陈设五鼓、五兵，用朱色丝绳环绕社坛，内外戒严，太史登灵台，观望太阳发生蚀变，便立即伐鼓，直至太阳恢复

▲ 20 世纪 20 年代，杭州一家手工制鼓店铺

正常后方才罢止，其间并请盲人乐官击鼓奏乐来拯救太阳。可知当时祭祀礼与歌、舞、乐的形式已经结合得很紧密了。

近代以来，随着社会思潮的不断更新和国家的近代化建设，祭祀之礼也无可避免地受到冲击，特别是新文化运动对于传统文化的影响，也对祭祀之礼以及民间信仰活动产生了深刻冲击。民国时期的礼制改革，是从“改正朔”开始的。新历法提升了传统节日的内涵，冲击了广大民众原有的时间观念与生活习惯，但原有的习俗仍在一些地方顽强地保存了下来。就以那面曾经“伐鼓救日”的鼓来说，在温州乡村还保留着春节打“新年鼓”的习俗。新春初一天刚亮，小儿结队成群，携带锣鼓，沿街敲打，此往彼来，络绎不绝，有些人家还集合邻友，演奏各种乐曲，有吹打曲，也有清唱，欢乐而热闹。

中国的这面“鼓”，曾经是威严的国家祭祀的响器。从原始先民在狩猎征战活动中，到新春佳节小儿手里“鼓”舞人心的乐器，鼓声依然雄壮，但时代变了，随着时代的变迁，一些传统的祭祀之礼在不断简化或改变。1935年《申报》刊登的一首竹枝词就说：“国祭国礼重如山，民间亦有感时艰。香烟缭绕虔诚拜，保佑平安福泽绵。”这首竹枝词虽然表达了民众对国祭国礼的敬重，但更注重对国家前景和社稷平安的祈愿。

江南儿女祭黄陵

——感怀初祖

轩辕黄帝是华夏儿女的共同祖先和人文始祖，几千年来华夏炎黄子孙于农历“三月三”在黄帝故里轩辕之丘举行祭拜先祖黄帝的仪式，“三月三，拜轩辕”于是蔚为习俗。

黄帝的一生极富传奇色彩，相传黄帝一统天下，与神农氏战于阪泉（今河北涿鹿东南）之野，三战就打败了炎帝，然后炎黄建立了统一战线，打败蚩尤，平定天下，然后播百谷草木，大力发展生产，创

▲ 中华民族的人文初祖黄帝画像

▲ 人文初祖黄帝雕像

造文字，始制衣冠，建造舟车，发明指南车，定算数，制音律，创医学，从此四海升平，人民安居乐业。因此黄帝被后人尊为中华人文始祖，庄子赞曰：“世之所高，莫若黄帝。”

黄帝传说中是古华夏部落联盟首领，中国远古时代华夏民族的共主。三皇五帝之首，历来被尊为中华“人文初祖”。据说他是少典与附宝之子，本姓公孙，后改姬姓，故称姬轩辕。居轩辕之丘，号轩辕氏，建都于有熊，亦称有熊氏。也有人称之为“帝鸿氏”。史载黄帝因有土德之瑞，故号黄帝。黄帝以统一华夏部落与征服东夷、九黎族而统一中华的伟绩载入史册。

黄帝对中华民族的影响非常大，也可以说黄帝是每个中国人心中不朽的丰碑，《大戴礼》记载，宰我问于孔子曰：“予闻荣伊曰黄帝三百年。请问黄帝者人耶？何以至三百年？”孔子曰：“劳勤心力耳目，节用水火财物，生而民得其利百年，死而民畏其神百年，亡而民用其教百年，故曰三百年也。”黄帝和炎帝时期逐渐形成华夏族，因而他们都被视为华夏民族共同的祖先，故以农耕文明为主的中国人自称“炎黄子孙”。每年“三月三”在中国许多地方都有祭拜活动，以感念华夏各族共同的人文初祖的恩德。

民国建立后，即制定《中华民国礼制》，按照传统吉、嘉、军、宾、凶五礼进行分类，对内容进行了扩充，基本上包括了当时的各种礼节。第一篇吉礼，分祭祀和纪念两章，祭祀分为国祭、公祭、家祭三节，国祭又细分为：祭黄帝陵、祭国父陵、谒祭国父陵、祭至圣先师孔子、祭历代先圣、祭历代先贤及有功德于民者、谒历代圣贤陵墓祠庙、祭革命先烈、祭忠烈祠、祭国葬墓园等。祭黄帝陵成为继承和弘扬黄帝文化的重要载

▲ 1936 年南京人拍摄的黄帝陵，汉武帝挂甲于此的古柏

体。从黄帝逝世时起，华夏族就开始了祭祀黄帝仪式，并逐渐成为国家制度。在历代举行的郊祭、庙祭、陵祭等各种祭祀典礼中，对轩辕黄帝的祭祀都是必不可少的内容。据文献记载，战国时代，对黄帝的祭祀活动就已经相当隆重，历经汉唐宋元明清各代至中华民国，成为隆重的国祭。1912年，中华民国建立。1912年3月，孙中山委派代表赴陕西桥山致祭轩辕黄帝陵。1935年4月，中国国民党中央执行委员会、监察委员会确定清明节为“民族扫墓节”，岁岁举行仪式。从1935年至1947年国民党中央和国民政府每年都派员前往黄帝陵祭祀黄帝。1948年和1949年清明节国民党在陕西省政府大楼北端布置礼堂，举行遥祭黄陵大典。

特别令人难忘的是1937年4月5日清明节，国共两党代表及各界祭祖要员同步登上桥山。在军士列队鸣炮声中，国共双方虔诚致祭，宣读祭文。中国国民党特派委员张继、顾祝同，国民政府主席林森派陕西省政府主席孙蔚如；苏维埃政府主席毛泽东和中国人民抗日红军总司令朱德派代表林伯渠，携带毛泽东撰写的祭文到黄帝陵致祭。这是国共两党在经历十年内战后首次聚在一起共祭黄帝陵，以表达停止内战、团结御侮的决心，对唤起全民族抗击日本帝国主义，起到了巨大作用。

▲ 1937 年清明节，国共两党共同派代表祭祀黄帝陵

▲ 据传，浙江仙都缙云山很早开启了南方祭祀黄帝的场所，其名字来自黄帝的别号。图为仙都缙云山的鼎湖与孤石鼎湖峰

黄帝陵祭祀是近现代中华民族共同体意识形成和发展的重要载体。晚清以来，资产阶级革命党人对传统黄帝陵祭祀加以改造利用，为中华民族共同体意识的初步形成做出了贡献。民国时期，借由祭黄帝陵仪式的制度化，黄帝为整个中华民族始祖的身份逐渐广为人知。江南地区祭

祀黄帝陵，留下了大量的竹枝词。《竹枝词·黄帝陵》：“桥山高耸接云端，黄帝陵前香火燃。俎豆千秋传敬意，人文始祖永流芳。”《江南竹枝词·祭黄帝》：“江南儿女祭黄陵，俎豆馨香表至诚。赫赫祖功垂万世，绵绵德泽惠苍生。”这些竹枝词描绘了江南地区祭祀黄帝陵的场景，表达了人们对黄帝的敬仰和对中华民族传统文化的传承。

文庙森严古柏高

——文庙祭孔

文庙是主祀孔子的祀庙建筑，在历代王朝更迭中，曾经有多种称呼，文庙的雏形是孔子去世后，其居室由后人奉为庙。又被称作文庙、夫子庙、至圣庙、先师庙、先圣庙、文宣王庙，名称不少，但以文庙之名最为普遍。要说祭祀孔子的典礼，最早应该始于公元前478年，即孔子卒后第二年，鲁哀公将孔子故宅辟为寿堂祭祀孔子，那时还谈不上国祀，只是孔子后代及其弟子在家庙里的奉祀，应该是“家祭”而已。

但此后孔子的地位被历代帝王节节提升，汉高祖十二年（前195），刘邦到曲阜以“太牢”祭祀孔子，规格很高，还封孔子九代孙孔腾为“奉祀君”，这就开了国家祭孔活动的先河。汉武帝罢黜百家、独尊儒术后，各地纷纷建孔庙，孔庙逐渐演变成封建朝廷祭祀孔子的礼制庙宇。唐开元二十七年（739），唐玄宗封孔子为“文宣王”，祭孔活动开始进一步升格。宋建隆元年

▲ 上海文庙始建于元至元三十一年（1294），几经迁移，图为清同治年间西人所摄文庙远眺

▲ 1870 年宁波府学孔庙大礼堂

（960），宋太祖亲谒孔子庙，诏增修祠宇，绘先圣先贤先儒像，释奠用永安之乐。宋真宗大中祥符元年（1008），赐孔子庙经史，又赐太宗御制御书一百五十卷藏于庙中书楼。二年春二月，诏立孔子庙学舍。三年颁释奠仪注及祭器图，建庙学。到明代已达到帝王规格，至清代，祭祀孔子更是隆重盛大，达于巅峰，仅乾隆皇帝一人就先后8次亲临曲阜拜谒孔子。尊孔子为“大成至圣文宣先师”，祀礼规格又上升为上祀，奠帛、读祝文、三献、行三跪九拜大礼。

从汉武帝时期董仲舒提出“罢黜百家，独尊儒术”以后，儒家思想就是历代帝王的治国之本。孔子的个人声望始终维持在巅峰，被尊为“古今第一圣人”。然而，当历史的指针走到清末民初，对孔子的历史评价经受了“上天入地”的挑战。

1912年3月10日，袁世凯就任中华民国临时大总统。当年便颁布《整饬伦常令》，下令“尊崇伦常”，提倡“礼教”。1914年9月25日，袁世凯正式颁发《祭孔令》，公开恢复了清朝的祭孔规定。9月28日，袁世凯在北京孔庙祭孔，同时各省将军、巡按使也都在省会文庙祭孔，这是民国以来第一次祭孔。后袁世凯登上民国总统之位，定孔教为国教，提倡尊孔读经。但袁世凯此举也引起了当时一些知识分子的反对，章太炎写《订孔》一文，具有鲜明的时代特征，指出儒学是“中国的祸本”，孔子最大的污点是使人不脱富贵利禄的思想。五四新文化运动的倡导者陈独秀号召青年：“以彻底之觉悟，猛勇之决心，塞绝与新社会、新国家、新信仰不可相容之孔教。”在新文化运动“打倒孔家店”的年代，孔子的忠、孝观点被认为是维护宗法专制制度的洪水猛兽。这些批判在当时看来不无道理，但情绪化、夸张化的言论色彩，不免使孔子形象受到严重“丑化”。

民国时期体制内外的精英们在释典孔子存废问题上争论不休，莫衷一是，国家祀孔典礼一直处于停止状态。1929年9月，南京国民政府决议，将传统的祀孔典礼改为“孔子诞辰纪念会”，“大成殿”三字改成“孔子庙”，每年公历8月27日举行纪念典礼。1934年8月26日，国民党中央通告了调整后的祀孔典礼秩序，即“（一）全体肃立；（二）奏乐；（三）唱国歌；（四）献花；（五）读祝文；（六）行三鞠躬礼；（七）奏乐；（八）行一鞠躬礼；（九）礼成摄影”，并规定“是日在曲阜举行之祭礼及中央与国府在京举行之祭礼，其秩序均相同”。

祀孔典礼作为一种政治仪式，具有特别的意义，可以向世人展示中华民族作为一个整体的尊严、信心与精神。国家祭祀孔子，象征着中华民族

▲ 1928 年南京孔庙的影像

▲ 20 世纪 30 年代杭州孔庙棂星门

▲ 民国时期的苏州文庙“泮宫”外貌

的文化气脉不绝如缕，历久弥新。“固有文化”已经沉淀于民族的血脉当中，具有不可忽略的精神支持作用。

清末民国时期，江南民众举行的祭孔典礼，通常会准备祭品、布置祭场，并由主祭人带领众人进行行礼、奉献祭品、敬酒等仪式。杭州《文庙竹枝词》云：“文庙森严古柏高，衣冠俎豆肃前朝。江南讲学钟灵地，多士莘莘咏圣谣。”南京《夫子庙竹枝词》：“夫子庙前泮水长，江南贡院翰墨香。斯文一脉传千古，俎豆弦歌礼义乡”，这些都体现了对孔子的敬仰和对儒家思想的传承。

清风明月本无价
——祀先贤祠

苏州有名园沧浪亭，原为五代吴越国广陵王钱元璙的花园，五代末为吴军节度使孙承祐之池馆。北宋庆历五年（1045），诗人苏舜钦购得此园，以“沧浪濯缨”的典故取名，以亭名定园名。苏舜钦是个大文士，名门之后，潇洒倜傥，诗文俱佳。据说他十分喜欢《汉书》，将《汉书》当成下酒菜。北宋范仲淹主持新政，也叫庆历新政，朝臣纷争。苏舜钦因站队范仲淹，锐意改革而遭人排挤，不得已离开都城，来到苏州，在这块“草树郁然，崇阜广水，不类乎城中”

的地方，建造了沧浪亭。在《沧浪亭记》中，苏舜钦这样描写自己的生活："予时榜小舟，幅巾以往，至则洒然忘其归。觞而浩歌，踞而仰啸，野老不至，鱼鸟共乐。形骸既适则神不烦，观听无邪则道以明。"想必是很自在的。

沧浪亭因苏舜钦而名声很大，其在后世也赢得了很大的名声。沧浪亭中，亭台楼阁颇多，其中有一座"五百名贤祠"。清道光七年（1827）重修沧浪亭时，梁章钜负责修葺，增五百贤良祠。苏州藏书家顾沅和苏州十几位士绅，发起在沧浪亭中建造名贤祠，以祭祀苏州历代名人的倡议，得到江苏巡抚陶澍的大力支持。陶澍见收藏大家顾沅所藏吴中名贤画像300余幅，后又经众人广为搜集，再得200多幅，于是命孔继尧临绘，沈石钰勾摹刻石。陶澍购得亭旁房屋，于次年改建为祠。自此，五百名贤祠正式设立并每岁以时致祭。

五百名贤祠中的"五百"是个虚数，实际上可见的名贤石刻画像共有594幅，已近600幅。清同治十二年（1873）重修过，因此594位名贤上起春秋，下至清同治年间，他们或出生于苏州，或在苏州生活过，涵盖了各个领域，他们的事迹和精神对后人产生了深远的影响。例如三国时期的陆绩以"怀橘知孝，载石表廉"而闻名；宋代的范仲淹

▲ 明正德十年（1515），苏州建文天祥忠烈祠于此，嘉靖年间迁祠于旧学前，此处改为文山寺

▲ 道光八年（1828），苏州巡抚陶澍、布政使梁章钜购张姓房屋，建"吴郡名贤总祠"

▲ 1912 年，杭州西湖的彭公祠改为“浙江先贤祠”

▲ 沧浪亭 594 位名贤，上起春秋，下至清同治年间，名贤祠赋予沧浪亭新气质

“先天下之忧而忧，后天下之乐而乐”的精神万世流芳。五百名贤祠赋予沧浪亭新的气质，它不再仅仅是一座文人游憩的园林，而且成为具有纪念意义和教化功能的场所。历代文人墨客怀着对先贤的敬仰之情瞻仰此亭，留下了“沧浪亭中仰名贤”的不朽诗句，宋人欧阳修《沧浪亭》有“清风明月本无价”的名句。

杭州西湖边也有一座浙江先贤祠，最早建在西湖中的孤山。据《清一统志·杭州府二》记载，四贤祠位于孤山，最初是为纪念唐代白居易而建，后增祀宋代林逋、苏轼，称为三贤堂。绍兴后废，迁至水仙王庙后。明代正德年间复建，增祀唐代李泌为四贤祠。后因祠中增祀明代杭州知府杨孟瑛、清代浙江巡抚李卫、清代学者阮元，遂改称“七贤祠”，祭祀对象扩展至七位对杭州发展有重要影响的贤达，延续了纪念先贤、推崇德政的传统。

在江南，几乎各地都建有先贤祠，祭祀先贤是一个重要的传统。民国甫一成立，《中华民国礼制》在祭祀章就规定：“祭历代先圣、祭历代先贤及有功德于民者、谒历代圣贤陵墓祠庙、祭革命先烈、祭忠烈祠、祭国葬墓园等。”“敬先贤”，就是崇敬和追思那些曾经以自己的贤能、品德、才干为社会做出杰出贡献的科学家、文化名人等。法国有先贤祠，其中安葬着很多对法兰西民族做出重要贡献的历史人物，现在已经成为法国精神的象征。先贤，是社会各界人文和理工领域，包括工商界及官员、地方绅士中具有很高社会声望的人士。这个群体的产生，与相对发达的民间社会相关，他们一般都有独立的经济基础，广泛的社会关系和为舆论认可的社会声望。“先贤”是社会的良心和脊梁，怀念先贤，有助于构建和谐社会和深入推进荣辱观教育。

▲ 民国时期铭记历史、缅怀先烈的浙江忠烈祠外景

先贤祠不仅是纪念历史人物的场所，也是传承和弘扬地方文化的重要载体。通过祠堂内的纪念和展示，后人可以了解和学习这些先贤的品德和成就，从而受到启发和教育。无论是苏州沧浪亭的五百名贤祠，还是杭州西湖边的先贤祠，作为苏州和杭州历史文化的一部分，见证了苏杭文化的发展和变迁，也是江南民众尊崇先贤、继承传统的体现。

芳名俎豆相辉映

——崇祀乡贤

自古以来，各级官方祭祀皆有礼法制度规定，如三皇、五帝、孔子是天下通祀，祭祀时必须由朝廷官员主祭；而一些地方人物、神祇则只限于本地祭祀。明清江南府县的文庙中，分别建有“乡贤祠”与

“名宦庙”，祭祀那些足以为一方表率的地方名人和对地方发展做出贡献的名宦。明清对地方乡贤和名宦进行区分是很有道理的：名宦是祭祀外地官员，遗泽地方，造福民众；而乡贤则不同，应当是在当地举足轻重的人物。对于乡贤的祭祀，就名列乡贤祠，祭祀于此地，世代享受官方祭祀、士人祭拜。按照古礼，“乡先生没而祭于社”，明李梓《崇祀乡贤》诗云：“质行乡闾推表正，芳名俎豆相辉映。紫薇何必早蜚英，留与儒林歌且咏。”对于地方家族而言，先人能够入祀乡贤祠是一件“芳名俎豆相辉映”的功德，也是十分荣耀的事情。江南地区的乡贤祠无疑承载着浓郁的地方文化精神，有着极高的入选标准。

▲ 正在写作的长者马一浮，中国现代思想家、诗人、书法家、国学大师，现代新儒家的早期代表人物之一，长期居住在浙江绍兴上虞县

▲ 1921 年，江南一位老人衣衫褴褛，衣服破洞，眼神犀利

▲ 1937 年上海一位留胡子的长者

清代学问大家梁章钜撰《称谓录》注，卷五十二“故绅”中列有“瞽宗 乡贤”词：“《传》曰：乡先生没，其人可祀于社者，谓之瞽宗。东海孔融为北海相，以甄士然祀于社。此称乡贤之始。”“瞽宗”是上古贵族子弟学习礼乐的学校。东汉孔融为北海相，祭祀甄士然于社，堪称中国称乡贤之始。但乡贤的认定，大都以地方标准而来，没有严格的区别，这导致乡贤名号泛滥，失去广泛认可。梁章钜还特地附记了一个案例，沈德符《野获编》中记载：明成化年间的给事王徽，临死前告诫其儿子：“如今所谓的‘乡贤’良莠混杂。我耻于和他们为伍，我死后千万不要把灵位放进乡贤祠。”也不是这位王徽先生清高，实在是晚明以后，随着社会经济的发展，一些有钱的豪门大

户，出于光宗耀祖之需，通过各种途径将自己的先人入祀乡贤祠，结果导致乡贤泛滥的情况。万历年间，官方批准为陆树声建特祠。但其学生子弟认为，乡贤祠已变成俗不可耐的场所，不忍让陆氏杂处其间。这与王徽临终前告诫其子，死后不入乡贤祠异曲同工，都是表达了他们对本土道德精神的坚守。

按照梁章钜的说法，东汉最早出现“乡贤”，就是一位叫甄士然的人；“乡贤”是为乡人推崇敬重的品德、才学的楷模，方能在死后，其灵位有资格入乡贤祠者，这个称谓有点类似于“烈士”，对生者是不适用的。地方上一般在文庙附近建立乡贤祠，供“乡贤”灵位的摆放和祭祀，目的也是推进地方教化。致仕的贤良人物或是对社会有大贡献的士绅，在他们殁后，是否有资格将其灵位移入乡贤祠供

▲ 20 世纪 40 年代，江南的几位地方绅士与乡贤，聚在一起抽烟喝茶聊天

▲ 1945 年上海街头一位拄着拐杖的绅士老人

奉，获得“乡贤”的名号，需要经过官方一定的审核程序。

族人死后能获得“乡贤”名分的，是一种莫大的殊荣，应该算是祖宗坟头冒青烟的事情，一般的宗谱与族谱都要予以记载。然“乡贤”一词的语义，在清末民初推翻帝制的洪流中，也发生了变异与异化，辛亥革命推翻专制主义的皇权统治，广设于江南各地州县的重要人文设施的文庙、庙学、乡贤祠等大多被丢弃一旁，或另作他用，或年久失修被拆除，或者充作新设学堂的校舍等，大众的记忆也慢慢忘却“乡贤”这个词。当然也是由于主客观的许多原因，社会教育普遍不发达，文化普及率很低，识文断句、粗通文墨的人本来就很少，施政当局也不提及，加上许多乡贤祠也被砸烂或挪作他用，谁还会想起“乡贤”这劳什子呢？偶尔被人提及，也是意义混淆，无人肯细细辨析了。“乡贤”本是对已经过世的贤良人士的称谓，生前只能称“贤达”“士绅”“乡绅”“缙绅”等，这种规矩也没有人来理会了。人们不再讲究，依照着普罗大众望文生义的习惯，对本乡的贤德之人，一律称为“乡贤”。一些地方名绅对于这一称谓也来者不拒、安之若素，渐渐成为一种流俗。

经过民国几十年的社会治理，虽然也在大力推动“乡贤会”组织建设，人们对“乡贤”的称呼早已无违和之感。前些年乡村振兴，地方镇街、社区积极联络本乡本土和离乡创业打拼的各界成功人士，推举各种乡贤，对振兴地方经济固然有促进作用，但与古老的“乡贤”概念却是渐行渐远了。

▲ 南京中山陵逐渐成为南京的重要地标，也是中华民族精神的象征

巍峨穆立紫金山

——中山陵园

1925年3月12日，孙中山在北京病逝，遗体安置在北京碧云寺内。孙中山曾嘱辞世后愿“归葬紫金山”。民国政府根据其遗愿决定在南京兴建中山陵，并于1926年1月动工兴建，1929年春落成。1929年5月26日，孙中山灵柩扶入灵车，由北平南移。28日，灵柩抵达南京，停灵公祭至31日结束。6月1日，在南京紫金山中山陵园举行奉安大典，灵柩由其夫人宋庆龄和子孙科及党政要人护入墓室。这一天，全国各地举行公祭，并通令全国停止工作及暂停交通3分钟，以示哀悼。

中山陵是中国民主革命的伟大先行者孙中山先生的陵墓，位于江苏省南京市东郊紫金山中部第二峰茅山南麓。海拔158米的高度，相对高度为73.33米，是全国著名的风景游览区，江苏省唯一的森林公园。据《大辞海·中国地理卷》载：中山陵占地面积为130万平方米。

苍松翠柏，满山碧绿。陵墓呈木铎式，傍山而筑，由南向北逐级升高，依次为牌坊、墓道、陵门、碑亭、平台、最后是祭堂和墓室。从墓道入口至墓室距离700多米，共有花岗石阶392级。殿堂正中有孙中山先生石雕全身坐像，座周是孙中山先生革命事迹浮雕，祭堂四壁刻有他的遗著《建国大纲》。中间是长方形墓穴，棺上镌有孙中山长眠卧像，宁静肃穆，下面安葬着孙中山先生的遗体。中山陵前临开阔平原，背依巍峨山峰，气势雄伟，布局严谨。此外，陵墓附近还有音乐台、光华亭、水榭等辅助建筑，具有我国传统的民族风格。时人竹枝词《中山陵》云：“巍峨穆立紫金山，浩气长存宇宙间。迢递阶除呈仰止，峥嵘松柏致诚虔。丰功日月千秋颂，伟绩江河万古传。全国为公承祖训，发扬蹈厉岂畏难。”

▲ 1929年6月1日，孙中山灵柩由北平移至南京中山陵

围绕着中山陵，民国时期曾经发生了许多动人心魄的故事。

1928年，发生中山陵“叫魂”事件，南京城流传出“中山陵即将落成，需要摄取多名儿童的灵魂来顶住大梁”的谣言，引起了民众的恐慌。许多家庭采取辟邪措施，甚至有家长在孩子肩上缝制写有“你造中山墓，与我不相干。一叫你魂去，再叫你去当”等字样的红布。这一事件反映了当时社会的动荡和民众的不安。

1931年九一八事变爆发后，还发生了吴其昌绝食哭陵案。清华大学讲师吴其昌为逼当局抗日，抱着“书生救国、义无反顾”的决心，携妻带弟前往北平顺承王府的张学良官邸请愿。在张学良只允诺第一条要求后，吴其昌又携家人赶赴南京见蒋介石。在得到蒋介石的肯定答复后，吴其昌拜谒中山陵，并发表《昭告总理文》。之后，吴其昌恢复进食，前后共计绝食84小时。那个年代，书生救国是常有的事，但像他这样义无反顾、举家请愿的却是少有，实属精神可嘉。

▲ 20 世纪 40 年代，人们仰望中山陵全景，有军人拜谒

▲ 20 世纪 40 年代的南京中山陵，图为中山陵最高处的祭堂，祭堂两侧分别矗立着一座华表

九一八事变后，日本企图拉拢段祺瑞，利用其在北洋军人中的声望与影响，建立华北伪政权。段祺瑞不愿与日本人合作。1933年1月，段祺瑞接受蒋介石的邀请南下“共商国是”，并于1月23日下午在蒋介石、何应钦、孙科等人的陪同下拜谒中山陵，目的就是通过谒陵来表白自己不愿与日本合作的爱国立场，人称段祺瑞谒陵明志。

1935年12月，著名抗日爱

▲ 中山陵祭堂，上书“民族”“民生”“民权”

国将领续范亭前往南京参加国民党第五次代表大会，呼吁抗战，但国民党政府拒不纳谏。悲愤之极的续范亭决心以死明志，悲愤地写下《哭陵》诗：“谒陵我心悲，哭陵我无泪。瞻拜总理陵，寸寸肝肠碎。战死无将军，可耻此为最。腼颜事仇敌，瓦全安足贵？”苦闷惆怅、救国无门，续范亭在中山陵前剖腹自戕，要求抗日。他在《告民众书》中说：“余今已绝望，故捐此躯，愿同胞精诚团结，奋起杀敌。”他在剖腹前写下绝命诗：“赤膊条条任去留，丈夫于世何所求？窃恐民气摧残尽，愿把身躯易自由。”续范亭的壮举轰动南京，激发了全国人民的抗日热情。

汤卜生是一位空军飞行员，在全民族抗日战争中屡立战功。1937年，他在执行任务时座机被日军击落，跳伞后幸运生还。1938年，汤卜生驾机飞临中山陵上空，超低空盘旋三周，向孙中山先生致敬，表达了他抗日到底的决心。人称“汤卜生空中谒陵”。

这些故事表达了人们对孙中山先生的深切怀念和敬仰之情，也反映了国难当头之际人们对国家命运和前途的关注和思考。

惟恐一人陈化成

——地方公祭

祭祀是中国的传统礼仪活动之一。民国初期，大多数带有迷信或落后愚昧之恶的祭祀均被政府明令禁止，代之以内容和形式都作过革新的新型祭祀，比较突出的是将清朝昭忠各祠分别改建为大汉忠烈祠，岁祀为创建民国而死难的诸烈士。20世纪20年代的北京北洋政

▲ 1932 年苏州公祭大会，出席公祭大会的十九路军军人

府和40年代以重庆为陪都的南京国民政府曾分别发布过有关的祀典条例，前者分“国祀”与“乡祀”两种，后者分“国祭”“公祭”与“家祭”三种。

1943年，由国民政府设置的国立礼乐馆，针对国内新旧礼俗混乱，婚丧失据等现状，由考试院邀约内政、教育、铨叙、外交部和礼乐馆、文官处、典礼局以及社会各阶层的名流、专家、学者，对中国社会的礼仪习俗进行讨论和研究，制定了一套政府颁行的礼仪规则，编成《北泉议礼录》，《中华民国礼制》包含在其中。这套礼规综合了中西方礼俗，声言抛弃中俗落后愚昧繁琐之恶，吸西俗文明健康、简洁卫生之优，同时更多地考虑到了国民的接受能力，亦显示出传统丧葬俗制的根本性变革过程仍处于进行之中。

民国建立以后，政府对于那些对国家、民族有特殊勋劳或功德卓著的人士，予以特殊的追悼和奠祭仪式。由国民政府主席亲临致奠或国民政府派员致奠。有特殊勋劳的杰出人士身故后，由国民政府举行国葬。国民政府要员应于国葬日指定时间，齐集灵柩所在地。启灵前，来宾及家属举行移灵典礼，由行政院院长主祭。受民众爱戴的、对国家和人民有勋劳者身故后，举行公葬，由国民政府派员、地方政府主要长官、家属亲友和民众团体、机关学校的代表参加，安葬由省市政府负责人主祭。公葬者，葬于各省市政府的公墓园。同时还规定了地方公祭的具体仪节与办法。

此外，新式的政治性纪念活动产生于民国建立以后。随着时间的推移，值得纪念的人物和事件越来越多，纪念活动亦日趋频繁，大致可分6类情况：

▲ 1926 年上海人民为五卅烈士墓举行奠基礼。图为奠基石铭刻着为殉难者致哀的铭文

▲ 1928 年 5 月 30 日五卅惨案三周年，上海举行隆重的公祭仪式

1.缅怀民国的缔造者孙中山先生；2.追思民国元勋和革命先烈；3.回顾历史上的痛事以为殷鉴；4.纪念历史上有重大意义的事件；5.为生存者及事业建始举行纪念，其对象与日期并无明文规定，因人因事而异，由纪念活动组织者按照习俗自行决定；6.国际性的纪念。

进入20世纪30年代后，日本发动侵华战争，给中国人民带来了深重的民族危机，随着危机加深，上海人民提出了公祭陈化成的纪念活动。1932年1月11日，《申报》第15版刊载《上海故事（五）》，介绍1842年6月16日，鸦片战争中的英军把目标对准上海，吴淞战役打响，江南提督陈化成坚守吴淞要塞，战死沙场。“众兵皆逃，化成犹独自开炮力战，后因背腹受敌，遂中弹，喷血而死，化成为福建人，当时他已是六十七岁的老头儿了，他的大无畏的精神，是值得后人崇拜的！并且听说他的尸首，葬在城隍庙”。民间有信众甚至向明戚继光、清陈化成两将军祷告求助，期望神灵

▲ 1932 年“一·二八”十九路军英勇抗敌，5 月 27 日苏州举办该战役中抗日阵亡将士公祭仪式。图为苏州青少年学生在五卅路公祭现场悬挂挽联

▲ 1942 年，中国政府在美公祭抗日将士与死难同胞

▲ 民国时人根据清人程庭鹭所绘陈化成遗容绘制的画像

保佑，援助十九路军，与敌人展开顽强战斗。

1938年《上海儿童》期刊文章专门祭奠陈化成将军。文章作者赞誉道："陈化成的忠勇尽职，为国牺牲的精神是谁都敬佩的，所以当时有'不怕江南百万兵，惟恐一人陈化成'的话语。如果当时的一般官吏将士都能够像陈化成那样的忠勇爱国，不怕牺牲，那么绝不会忍辱签订《南京条约》，我们上海也不会有租界了。"全民族抗日战争爆发后，南市被日军占领，陈公祠被日军所毁。难民区内的民众便把遗弃街头的陈化成将军塑像抬入城隍庙内，供奉在大殿后进。尽管陈化成没有得到帝王册封，但是上海百姓都爱把他称为上海城隍神。民众的拥戴，是没有祭礼的祭祀。

祭祀能供墓能守

——宗祠祭祖

宗祠家庙，是中华民族的家族谱系载体与精神图腾。自古以来，华夏子孙崇拜祖先，敬奉神灵，以宗法为纲，以血缘为纽，建立宗族组织，设立祠堂场所，以示对先人的敬畏与怀念。宗祠家庙不仅是祭祀祖先的场所，也是宗族教化、议事、奖惩、藏谱、助学等多种功能的载体。宗祠家庙文化在明清达于鼎盛，近代以来，随着社会的变革和思想的更新，宗祠家庙文化也遭遇了前所未有的冲击和挑战。

祠堂祭祖的仪式，各地差异很大，但即使同处一邑，一水之隔的河东河西、一道之隔的路南路北，往往祭祀方式也不一样。方式方法虽有不同，但目的和作用完全相同。祠堂祭祖是血脉会聚、精神认同、加强交流、增进感情、凝聚人心的具体展现，是慎终追远、不忘根系、感恩思孝、感恩知报、端行修德的人生功课。各家族都有这样的遗训：“子孙做了坏事不准入祖坟、不准上族谱。”各个家族越是上宗敬祖，追根溯源，家族所在的民族就越是团结，国家就越是安定。

随着近代以来西方思想和文化的传入，许多人逐渐接受了科学、民主、平等、自由等现代价值观念，对封建社会的血缘伦理、宗族观念、祖先崇拜、伦理道德等传统价值观念产生了质疑和反思。甚至有人认为宗族组织和活动是封建社会的遗毒和顽瘴，阻碍社会进步和个人发展，应该彻底摒弃和清除。因此，近世的宗祠也经历了各种内忧外患，宗祠家庙文化遭到了极大的冲击和挑战。特别是社会制度和

▲ 民国时期南京江宁下王墅孙氏祠堂

▲ 明代名臣无锡顾可久是海瑞的老师，顾可久祠历经多次修缮和重建

▲ 浙东诸暨市的沈氏宗祠，是民国初期祠堂建筑的实物例证

▲ 始建于宋代的浙江开化清漾村毛氏祖祠是该家族祭祀祖先、传承家风的重要场所

经济结构的变革，逐渐摆脱了封建社会等级制度和科举制度的束缚，进入了现代社会的法治和市场经济社会，在这样的社会环境中，宗族组织和祭祀活动失去了原有的功能和作用。一方面，由于法治社会对个人权利和义务的保障，宗族组织在维护社会秩序、调节社会关系、解决社会矛盾、保障社会安定方面不再具有优势；另一方面，由于市场经济对个人选择和竞争的激励，宗族组织在促进经济发展、增加经济收入、改善经济条件、提高经济水平方面也不再具有必要性。因此，在近代以来的各种社会变革中，宗族组织和活动受到了深刻的影响，宗祠家庙文化出现了巨大的变迁和衰退。

随着近代以来国家危机和民族危亡的出现，中国人民逐渐陷入了战乱和动荡的困境之中。在这样的局面中，宗族组织和活动更是如雪上加霜，受到了严重的破坏而逐渐消亡。许多宗祠家庙被拆毁或废

▲ 20 世纪 30 年代，上海高桥杜氏家祠大门

弃，许多祖先神像被焚毁或丢弃，许多牌坊石碑被砸毁或遗忘，许多族谱家谱文献被销毁或散失。在近代以来的各种战争和灾难中，宗族组织和活动受到了无情的抛弃，宗祠家庙文化遭到了惨重的损失。

即便如此，在整个民国时期，宗族文化仍能在一定范围内产生作用，宗族内部的广泛协助机制，为个体家庭的发展提供了相对稳定的保障，正如一首《新安竹枝词》中所云："归来不用买山钱，村有官厅户有田。祭祀能供墓能守，布衣蔬食过年年。"那个年代，宗族是村落的直接管理者，在处理地方事务上发挥了重要作用。例如曾经出现过的"乡评"机制，就是以族长、乡绅为核心的宗族组织，为解决宗族内部争端而设立，也可以起到化解社会矛盾的作用。关于宗祠家庙的祭祖程序，视祠堂大厅大小而定，恭候在院内、门外的族人，要分批进来祭祖。首批多是辈分较高的人。族长宣布祭礼开始，请祖先就位。族长点燃高烛后，退身供桌一侧。参拜人在供桌前列队肃立，大家表情凝重，心态虔诚，以示对祖先的尊敬。族长读祭文。祭文一般都以"维"字开头，维系、开启与祖先沟通交流之意。祭文最后以"尚飨"二字结尾，尚含崇尚、崇敬和盼望的意思，飨是请享用美食佳肴的意思。祭文读毕，族长点燃3炷香，双手捧香三作揖后插入香炉；族长上香时，助手已把酒杯斟满，跪地双手举杯过头，由族长接过来，放在祭桌上，祭酒三杯。最后行磕头礼。族长站在桌前一侧下令"叩首"，参祭者一齐作揖，随之跪在拜垫上磕头。最后是收谱，祭祀结束，将挂谱及两边的对联、画像及衬联请下来，器皿、灯台、桌布等物品整理干净，装箱保存，等下个祭期再请出来。撤供时，供品分配由族长决定。撤下来的供品食物，无论生熟，都要重新加热煮透，食品“还阳”“回凡”之后人方可食用。

寒具青龙满案堆

——家祭先人

家祭，历来是中国祭祀文化中的重要形式之一。我国的家祭文化，传承久远。南宋陆游临终的《示儿》诗中写道：“死去元知万事空，但悲不见九州同。王师北定中原日，家祭无忘告乃翁。”我国家祭习俗源远流长。小农经济时代，没有什么公墓、墓园，在家中“羞

▲ 20 世纪 30 年代，江南黄姓家族祭祖。祭拜按辈分排序，下跪磕头，辈分高者在前

以嘉蔬，荐以清酌”是最常见的祭祀方式。传统的家祭之所以能够传承千余年，它适应了民众对死亡的认知水平；也满足了人们对已故先人的情感寄托；千百年来，家祭活动似乎也形成了一定的程序范式。清顾翰《松江竹枝词》云：“清明共把祭筵开，寒具青龙满案堆。芳草夕阳归较晚，家家都说上坟来。”

▲ 江南人家添丁必备油饭、鸡酒等丰盛祭品祭拜祖先，有的家庭宴客庆祝

民国《中华民国礼制》规定家祭还有另外一重目的就是“敬宗收族，合家族以成民族，亦所以固人心厚民德也”。家祭共有三目，即祠祭、家祭、扫墓。所谓家祭是指家庭举行祭祀，向先人表示哀悼。家属祭祀祖先主要是在诞辰、忌辰、或岁时令节，如每年中元节、中秋节、除夕、清明节举行，也有在家人逝世服丧时举行。

▲ 春节也是敦亲祀祖、祭祝祈年的日子

中国人的祭祀文化就是通过一定的仪式向神灵致以敬意，并且用祭品来供奉，请求神灵帮助人们实现靠人力难以达成的愿望。祖先信仰是家族社会的精神核心，它是中国传统社会民众最主要的信仰之一。祖先信仰起源于人们对亡故尊长的崇拜，人们从血亲意识出发，认为故去的祖先，并没有离开他的子孙，他一直在关注着后辈的生活。祭祀的对象就是神灵。人类感激神灵，但也对其心存敬畏，而古代先民们又相信人死后具有灵魂，灵魂能与生者在梦中交流，并可以作祟于生者，使其生病或遭灾，这种敬畏众神的心理便是祭祀行为产生的重要原因。尽管中国人祭天、祭地、祭先祖、祭圣贤，并衍生出很发达的祠堂文化，但那个应该是公祭，即使是小一点范围的族祭，即一个族群对先祖的祭祀，也与一个小家庭的祭祀有区别，而除此之

外，大多数的祭祀就是家祭。

这个习俗垂二千多年，适应了漫长年代民众对死亡文化的认知水平，也能满足人们对已故先人的情感寄托，而家祭本身也有一定的程序与仪式感。中国很多人家保留了家祭传统，在祖上忌日、诞日或是每年的上元、清明、端午、中元、祈圆、冬至等以及重要的年节，兄弟姐妹聚在父母亲身边，阖家团圆之时，以鸡鸭肉祭祀祖先，烧纸钱，摆供品，全家一起祭拜，态度极其虔诚。做上一桌饭菜，置酒备肴，点香烛，烧锡箔，磕头跪拜，纪念祖上的恩德，作为后辈与已故前辈的“对话交流”。

家祭还有一些约定俗成的规矩，如焚香膜拜。拜是祭祀不可缺少的肢体动作，表达对神灵、对祖宗的虔诚恭敬之心。给祖先的供品时

▲ 古代一般情况下女子进入祠堂是受到很多限制，图为 20 世纪 30 年代进入祠堂的农妇

鲜水果均可，但拜飨时须用菜肴，一般以鱼、肉为主，包括烧肉、煎鱼、丸子、杂烩、蛋、油豆腐等，不求数量多少，精制为要，以体现对祖先的诚敬。农历十月初一，谓之“十月朝”，我国南北方都会在这一天举行家祭，当然也有去墓祭的，天气渐渐寒冷，人们怕在冥间的祖先灵魂缺衣少穿，因此，祭祀时除了食物、香烛、纸钱等一般供物外，在祭祀时，人们把冥衣焚化给祖先，叫作“送寒衣”。但有的地方这个习俗已经有了一些变迁，不再烧寒衣，而是“烧包袱”。人们把许多冥纸锡箔封在一个纸袋之中，写上收者和送者的名字以及相应称呼，这就叫“包袱”。有寒衣之名，而无寒衣之实。人们认为冥间和阳间一样，有钱就可以买到许多东西。

▲ 20 世纪 30 年代，苏州一户人家祭祖

让祖先享用精心准备的食物，他们会保佑子孙后代衣食丰足。近代以来，都市化进程下的祠堂大多湮灭，家庭居住空间也发生了很大变化，上海人大多代之以清明、冬至上坟的墓祭。家祭已经成为植根于日常生活的一种“民间信仰”，从某种意义上说，祭祀就是中国人的宗教。很多中国人不信宗教，却用祭祀获得了宗教性的价值。中国古代的丧礼之所以是全世界最繁复的仪式，是因为中国人想尽办法让每一个离开世界的人，都跟现实世界继续产生千丝万缕的关联。中国人有了这条线，就不会觉得飘浮。如果没有人再扫墓了，这条线就断了，这个家族就亡了。所以，中国人把传宗接代称为“续香火”，“香火”成为从祭祀到血脉转换的“隐喻”。若香火断绝，意味着祭祀无人主持，祖先灵魂将成“孤魂野鬼”，家族命脉亦随之终结。因此，祖祖辈辈，都在家族传承上寄托着情感。

第三章

笃爱教慈重道与人生嘉礼

礼仪活动是社会生活中的重要组成部分，它们不仅体现了一个社会的文化传统和价值观念，也是人们表达情感、维系社会关系的重要方式。“庆祝以笃爱，抚幼以教慈，学礼以重道”，属于古代“五礼”之嘉礼的范畴，不仅体现了社会的文化传统和价值观念，也是维系社会秩序和人际关系的重要手段。

嘉礼以“礼”立序，让儿童在程式化的场景中理解社会规则，慈爱教育以“情”化人，使儿童能够学习到正确的价值观和行为准则，为成为有责任感和道德感的社会成员打下基础。其核心逻辑在于道德教育不仅是知识的灌输，更是通过环境、情感与实践得到协同，实行“知—情—行”的统一。

此外，为了表彰个人或团体在某个领域或事件中做出的杰出贡献或成就而举行的仪式。授勋和颁奖是对其贡献的认可和鼓励，也是激励社会成员追求卓越的重要手段。某人正式就任某个职位或职责时也要举行一定的仪式，这种仪式通常包括宣誓、交接等环节，标志着新任者正式承担起相应的责任和权力。

夫妇或家庭为了祈求生育子女而进行的仪式或庆祝婴儿出生后满一个月或满一百天的仪式。这种仪式通常包括祝福、宴请等环节，是对新生儿健康成长的祝福和庆祝。对老年人的赡养和敬老活动，尊老爱幼，体现了社会对不同年龄群体的关爱。成人礼标志着个人从青少年过渡到成年的仪式。通常包括宣誓、祝福等环节，标志着个人正式成为社会的成年人。在新学年开始时，学生完成学业，即将离开学校时举行的仪式，通常包括颁发毕业证书、致辞、庆祝等环节，是对毕业生学业成就的认可和庆祝。

嘉礼通过各种仪式和活动，加强了人与人之间的情感联系和社会纽带，有助于构建和谐的社会关系。有助于培养人们的道德品质和社会责任感，促进个人的成长和社会的发展，这些礼仪活动在不同的文化和社会中有着不同的表现形式和意义，它们共同体现了人类社会对重要生活阶段和成就的重视和庆祝。通过这些活动，人们得以表达情感、传承文化、维系社会关系，并激励、推动个人和社会的发展。

▲ 1912 年 11 月 30 日由舒德恒发起创办慈善工艺会，图为慈善工艺会庆典

共祝来年福满园
——节庆团拜

团拜指团聚行礼，相互庆贺，原指亲朋好友因喜庆之事相聚，围成圆圈，相互面向，行拜礼。这种风俗起源于宋代，《朱子语类》卷九十一云：“团拜须打圈拜；若分行相对，则有拜不著处。”到了明清时期，团拜特指各地同乡同年官僚于正月间举行的聚会庆贺活动。团拜作为一种庆祝新年的形式，在中国有着悠久的历史。到了清末民初，在江南地区，团拜活动已经非常盛行，成为辞旧迎新、互相祝福的重要方式。大约从清代开始，从新春拜年中衍生“团拜”的形式。

有意思的是《朱子语类》中说的“打圈拜”，可能是把这个仪式称为“团拜”的最直接的原因。指参与团拜者，大家围成一圈，拱手为礼，施礼者所施之贺年礼，都能使大家受礼。倘若分列两行或数行站立施礼，只能向着对面一行数人，其余诸人就拜不着了。

清艺兰主在《侧帽余谭》中说：“京师于岁首，例行团拜，以联年谊，以敦乡情”，“每岁由值年书红订客，饮食宴会，作竟日欢。”既然是茶宴，茶肯定是必不可少的，而且还得是非常讲究的茶。喝的是什么茶呢？据说是宫里传出来的规矩——喝“三清茶”，就是以龙井茶为主料，佐以梅花、松子、佛手三样清品。梅花寓意高洁；松柏凌寒不凋，四季常青；佛手正好谐音“福寿”；儒家文化中最高的精神追求全都涵盖在这三样清品里了。清代的新春团拜会，据说在一年一度的茶宴上，乾隆与朝中重臣聚在一起品茗、吟诗，既满足了乾隆爷“附庸风雅”的愿望，又不动声色地透露出新一年朝中格局的变化。如此高规格的娱乐活动，自然是一票难求。获得入场券有多难呢？早年参与宴会的大臣人数是18人，取登瀛十八学士之寓意。后来由18人增加到28人，对应二十八星宿。人数最多时也不过30余人。

南通的张謇是中国近代著名的实业家，在民国南京临时政府成立后，曾任实业总长，也是很有名望的教育家和文化名人，据说，张謇非常重视团拜活动，每年春节都会邀请亲朋好友和社会各界人士到家中团聚，共同庆祝新年的到来。1920年江南各地的岁时团拜，地方政府大抵会组织官员、士绅等会聚一起行拜礼，或只是团聚庆贺而不叩拜，民间则以单独行礼的拜年为主，也有同姓族人或其他团体的团拜活动。上海总商会是江南地区最具影响力的商业组织之一。每年春节前夕，上海总商会都会举行盛大的团拜活动，邀请会员和各界人士参加。团拜活动通常包括宴会、文艺表演和抽奖等环节，是上海商界的一次团拜盛会。

▲ 1913 年孙中山（前排居中者）发动“二次革命”时与拥戴者一起聚会合影

▲ 1949 年 2 月 14 日，上海广大华行、民孚企业公司员工春节团拜合影

那个年代的民间团拜，具体

▲ 1942 年上海工商界过年举办团拜活动，图为团拜会合影

礼仪可能包括了亲朋好友或同乡之间的相互拜访，举办茶叙茶会，促进彼此的了解和友谊，伴随着茶点、宴会等，成为联结年谊、传递乡情的重要形式。亲朋好友或同乡团体在新年或其他重要节日时集体拜访，举办宴会，亲朋好友和同乡通过共享美食来加深彼此之间的情谊，互相祝福，增进感情。还有的团拜，地点就在宗族祠堂或其他特

定场所举行，宗族成员在祠堂一起祭祀祖先、交流家族事务，加强族群凝聚力。各地同乡会或地方商会组织的团拜聚会，旨在帮助同乡之间建立联系，互相帮助，共同发展。在节日庆典，组织戏曲、书法、绘画等文化活动，通过共同的兴趣和爱好来促进交流；也有的团拜活动组织特定的慈善活动，如捐款、助学、扶贫等，来增强社会责任感和集体荣誉感。在传统节日如春节、中秋节、端午节等时节举行庆祝活动，通过共同庆祝来强化文化认同和情感联系。

▲ 1948 年 4 月 22 日，宋美龄邀重庆国民大会女性代表团拜

很多新年团拜仪式活动风生水起、有声有色，让人难忘。江南有一首《团拜竹枝词》云：“新春团拜乐无边，江南人家笑开颜。佳肴美酒笑声中，共祝来年福满园。”这首竹枝词描绘了新春时节江南人家举行团拜的欢乐场景。人们在团拜中享受着佳肴美酒，欢声笑语不断，共同祝愿来年幸福美满。

民心所向是太平

——莅任仪式

1911年，在中国历史上是一个不同寻常的年份，饱经动荡离乱之苦的中国正处于亘古未有的转折关头，在列强侵凌日紧和国内革命风潮风起云涌的交相激荡之下，内外交疲的晚清王朝处于风雨飘摇之中，武昌起义震耳欲聋的枪炮声敲响了清王朝的丧钟。1912年1月1日，中华民国临时政府在南京成立，孙中山担任临时大总统，这是资产阶级民主革命的重要成果。当选举结果揭晓时，有竹枝词云：“共和旗展自由风，国体更新望大同。昔日帝制今何在，民心所向是太平。”体现出人们对新政治体制的期待和理想。

孙中山的中华民国临时大总统就职典礼，于1912年1月1日，在南京总统府（清朝两江总督署）举行，孙中山就职临时大总统，也正式宣告中华民国成立。晚11时整，民国临时大总统就职典礼开始，仪式在总督署大堂西暖阁举行。各省代表、各军将领、各界人士、各国领事及外宾立于两侧。身着大总统礼服的孙中山笔挺地站立暖阁正中，表情庄重、严肃。胡汉民、陈其美、黄兴、徐绍桢分立于孙中山左右。司仪宣布：“中华民国临时大总统莅位典礼开始”，雄壮的军乐曲奏响，全场肃静。乐曲声止，景耀月代表各省报告大总统选举经过，并宣布：“请大总统宣誓就职！”

孙中山在全场中外官员的注目下信步上前，左手放于胸前大声朗读誓词。孙中山宣誓毕，景耀月、汤尔和代表各省致颂词和欢迎词，向孙中山授大总统印绶和玺绶。印文为“中华民国临时大总统”，国号为“中华民国”。孙中山立正恭身敬授后，启印加盖于《中华民国临时大总统宣言书》等文告之页。胡汉民宣读临时大总统《宣言书》后，将玺绶佩戴于孙中山上装左侧胸前。徐绍桢代表各省、陆海军向孙中山致颂词。孙中山即以临时大总统名义发布《告海陆军士文》，希望军人“共励初心，守之勿失”。孙中山在答词中表示：“当竭尽全力，勉负国民公意”。话音落下，全场欢声爆发，“中华共和万

▲ 1912 年 1 月 1 日，孙中山在南京宣誓就任中华民国临时大总统

▲ 1912 年 1 月 1 日孙中山先生（居中者）当选临时大总统

岁”“孙大总统万岁”的口号声此伏彼起，经久不息。两支军乐队再奏凯歌，把热烈气氛推向高潮。兴奋、激动的孙中山高举双手，向大家表示感谢，连声说：“大家辛苦了！”

待场景安静下来，孙中山宣布中华民国临时政府施政方针。这时，南京北极阁、狮子山炮台各鸣炮21响，下关军舰汽笛轰鸣。隆隆炮声、洪亮笛音在古城上空萦绕，在神州原野回荡。中国历史上第一个共和制国家政权诞生了！

1912年《中华民国礼制》的制定和颁布，是民国时期对中国传统礼仪进行现代化改革的尝试。在继承传统的五礼分类基础上，对内容进行了扩充和更新，以适应时代的发展和现代社会的需求。体现了民国政府试图在继承传统文化的同时，推动社会习俗的现代化。通过改革礼仪，民国政府希望能够促进社会的进步，提高民众的文明素养，加强国家的文化软实力。然而，由于各种复杂因素的影响与制约，如传统观念的根深蒂固、政治动荡等，特别是中国资产阶级天生的软骨病，担负不起拯救中国的历史重任，资产阶级民主革命最终未能改变中国积贫积弱的命运，这些礼仪最终也只是一种空洞的形式演绎而已。

▲ 1912 年 3 月 10 日，袁世凯在北平宣誓就任临时大总统

“国家至上，元首是尊，尤为国民应习之仪则”。所以民国礼制中所说的嘉礼，包括崇敬、庆祝、就职、觐谒、荣典、飨燕、抚幼、婚礼、学礼、考试、集会十一章内容，并且各有其制定的目的。第一章崇敬主要包括升降国旗和迎送国民政府主席两节内容。第二章庆祝，主要是指一些重大节日的欢庆活动，如元旦、国庆、国父圣诞、岁时令节和一些国定庆祝等。第三章就职，对国民政府主席、长官、有职人员的就职和文官或长官莅任仪式作了规定，包括出席人员及序列，就职人员服装，就职典礼仪式等内容。

▲ 1932 年，民国国家军事委员会就职典礼合影

就职典礼通常会有政府官员、军警长官、文武百官等出席，他们按照一定的序列排列。莅任仪式通常包括奏国歌、向国旗行礼、宣誓、宣读誓词等环节。宣誓完毕后，仪式渐趋结

▲ 1948 年，新华储蓄银行欢送副经理升迁上海总行合影

束，通常依然会有庆祝活动，如奏乐、摄影等。这些规定和仪式体现了通过正式的就职仪式，可以强化公职人员对国家和人民的责任感和使命感。

盛典华堂喜气洋

——授勋颁奖

表彰功勋、尊崇英雄，是中华民族长久以来的优良传统。这种传统体现在多个方面，在中国悠久的历史中，无数英雄人物的事迹被传颂，他们为国家和民族做出的贡献被后人铭记。无论是文学作品、戏剧、电影还是教育体系，都强调英雄人物的崇高地位和他们的贡献。国家授勋和颁奖，设立勋章、荣誉称号等制度，对英雄人物抱有崇高的敬意，他们的事迹被作为教育的典范，激励着一代又一代的后人。

民国时期的授勋与颁奖，用以表彰对国家有杰出贡献的个人，单就勋章体系而言，包括了多种勋章，分为文职和武职两大类。文职勋章主要包括：颁行于1933年12月2日的采玉大勋章，以玉质国徽为中心，为国家元首佩带，可特赠友邦元首。1941年，国民政府颁布了《勋章条例》，后来历经多次修正。当时，中华民国勋章种类中，文职勋章有五种，军职勋章有六种。此外还有为空军设的大同勋章、河图勋章、洛书勋章、干元勋章、复兴荣誉勋章。如中山勋章：中心为孙中山先生遗像，颁行于1941年2月12日，用以表彰对建国事业有特殊勋劳者；再如卿云勋章，中心为卿云，古字“卿”与“庆”通用，庆云象征祥瑞之云。1941年2月颁行，分一至九等。一、二、三等大绶，四、五等领绶，六、七等襟绶附勋表，八、九等襟绶，主要是颁授给对政务著有勋劳之公务员，及对社会贡献卓著之非公务员或外籍人士。

▲ 1937年，谢晋元率“八百壮士”坚守上海四行仓库，获抗战时期最高荣誉奖章“青天白日勋章”，并追赠陆军少将。图为谢晋元像

▲ 青天白日勋章是民国军职勋章，于1929年5月15日颁行，颁授对象是保家卫国，抵御外侮有功军职人员。图为勋章样式

武职人员的勋章，包括国光勋章，当属军人功绩的荣誉勋章，中心为威武鹰扬图案，颁行于1938年2月20日；青天白日勋章，是名气最大的勋章之一，颁行于1929年5月15日，主要颁授对象为保家卫国的有功军职人员；国军军队勋章、奖章种类繁多，青天白日勋章是授予军队中有突出贡献人员的一种荣誉，截至1937年国光勋章出现前，青天白日勋章是民国军队中的最高荣誉，国军将士皆以能够获得一枚青天白日勋章为荣。此外还有宝鼎勋章，中心为宝鼎图案，颁行于1929年5月15日，分一至九等，用以表彰卫国有功的人士，如果说青天白日勋章主要授予对外作战中，抵御外侮、保卫国家立有特殊功勋的将士，那么宝鼎勋章主要授予对内作战中，震慑内乱、安定国家立有特殊功勋的将士；忠勇勋章：中心为古代战士出战图，颁行于1944年9月23日，表彰英勇作战、负伤不退的军人；云麾勋章：中心为杏黄旗矗立云霄图，颁行于1935年6月15日，用以表彰建有勋绩的军人；忠勤勋章：中心为书和剑图案，颁行于1944年9月23日，颁授连续服役十年以上的军人。这些勋章是对个人贡

献的认可，有一首《颁奖仪式》竹枝词云：“盛典华堂喜气洋，获奖者们列成行。奖杯闪耀光芒亮，掌声雷动赞歌扬。”反映了民国时期对功勋者的表彰。

然而，民国时期，西方文化也影响到官方和政府中的授勋与颁奖，连军功勋章上也罕见地出现了西方文化元素。如“醒狮勋章”，“刻一狮，外围以花纹，上刻一古钟，取义自由钟声惊醒全国同胞”，这是民国初年，中国社会处于变革动荡时期，受到西方思想和民族觉醒浪潮的影响，“醒狮”在中国近代常被视作民族觉醒的象征。自晚清以来，中国面临列强侵略，国家危亡，先进知识分子以“醒狮”激励国人奋发图强、抵御外侮。“醒

▲ 民国初年，勋章可谓五花八门。图为醒狮勋章，中刻一狮，外围饰以花纹，上刻一古钟，其取义自由钟声惊醒全国同胞

▲ 1942 年中国远征军与美军设立“中美蓝姆迦训练中心”。图为远征军长官上台表彰训练成绩优异者

▲ 中国民族资本家荣宗敬先生民国时期获得许多勋章，被誉为“面粉大王”“棉纱大王”

狮”寓意中国如沉睡雄狮觉醒，也契合追求自由平等的时代需求，反映了当时人们对国家复兴、民族自由的期盼。“醒狮勋章”可能更侧重于表彰在思想启蒙、文化传播、唤起民众等方面有贡献的人士，授予标准更具灵活性，可能由民间团体、社会组织颁发，在特定群体或局部地区发挥激励作用。1938年7月8日，国民政府为纪念誓师北伐十周年，颁发了一枚“国民革命军誓师十周年纪勋章”，对这枚纪勋章的设计，有两种说法，一是鉴于当时中德关系之友好，模仿了德国十字勋章样式。还有一种说法，蒋介石已与宋美龄成婚，其宗教情结反映在了这枚勋章上，勋章的十字形即脱胎于十字架。

说到底，民国时期的授勋与颁奖制度虽在形式上模仿西方勋章体系，却因脱离中国社会土壤、沦为政治工具而弊病丛生，其本质是旧秩序试图嫁接现代制度的畸形产物，如国民政府的“采玉大勋章”更是仅供总统、副总统佩戴，本质是封建“赐爵”的现代变种。正如费正清在《剑桥中国史》中批判的那样：“民国的勋章制度是一场东施效颦的滑稽戏——他们戴上了西方的礼帽，却忘了脱下长袍马褂，最终在不伦不类中暴露了旧体制的底色。”这真是一语中的、入木三分。

后生晚辈礼谦恭

——敬老崇文

《中华民国礼制》第十一章，指出人民有集会的自由，规定除国民月会之外，还要举办敬老会、运动会、娱乐、建业等，都是具有积极建设意义的集会，以礼治形式确认了国民的基本政治权利，体现了

▲ 百岁老人、复旦大学创始人马相伯，一生为中国的教育事业和抗日救亡等作出卓越贡献

▲ 20 世纪 30 年代，上海一刘姓藏书家为家中老人贺寿时的情景

对民主自由理念的吸纳与制度推进。

民国时期的敬老会成为了倡导“敬老崇文”传统文化的重要平台。敬老会通常由地方政府或社区组织，以县为单位，直隶于行政院的市、区和乡镇都应举行。从组织结构上确保了敬老会的广泛参与和有效实施。敬老会的举办地点，一般在当地的学校举行，这样的场所既便于民众参与，也有利于营造尊重知识和教育的氛围。每三年举办一次，这样的周期性活动有助于形成长期的社会效应。至于参会资格也做了具体规定，热爱自己的国家且年满六十岁以上的公民。这不仅是对老年人的一种尊重，也是对他们社会经验和智慧的一种认可，此外推定德高望重者为大宾、介宾，也是强调了对老年人的尊敬和对他们社会地位的肯定。敬老会的举办鼓励社会各界的参与，包括政府、教育机构、社会团体和个人。这种广泛的社会参与有助于提高敬老会的影响力和效果。

敬老会通常会举办各种文化活动，如演讲、展览、文艺表演等，以弘扬传统文化和提升老年人的生活质量。敬老会的运作得到了社会各界的支持，包括资金赞助、志愿服务和物资捐赠等，这些支持有助于敬老会的顺利进行。

民国建立后，中国社会经历了巨大的变革，包括政治体制的转变、思想意识的更新以及新文化运动的兴起。从清朝的封建帝制到民国的共和制，政治体制的根本变革导致了社会价值观的重塑。随着西方思想的引入，民主、自由、平等的观念开始在中国社会传播。这些新思想与中国传统道德中的权威主义和等级制度产生了冲突。新文化运动提倡科学、民主和新文学，反对封建礼教和旧道德。在这一运动中，一些文化和学术界的先锋人物，如陈独秀、胡适等，对传统孝道进行了批评，认为它是封建社会束缚个人自由的工具。尽管新文化运动对传统道德提出了挑战，但也有学者和思想家对这一运动进行了反思，认为在批判封建传统道德的同时，也应该保留和发扬其中的积极因素。社会转型是复杂多元的，对于传统道德的冲击并不是完全的否定，而是一个重新评估和整合的过程。在这个过程中，一些传统道德

▲ 1933 年上海市营造厂业公会同业系统为江裕生先生八十寿礼贺寿留影

的元素被重新诠释，以适应新的社会环境。

民国成立后，北京政府于1912年12月颁布的《小学校教则》，把“孝悌”列在初等小学校“道德”和“修身”课程的第一项。除了国定教科书之外，革命领袖孙中山亦在大力宣讲孝文化。1924年，孙中山先生在演讲中明确指出了否定孝道的错误性和提倡传统孝道的必要性，孙中山在演讲中提到了“忠孝”“仁爱”“信义”“和平”等传统美德，认为这些是中华民族的优秀文化传统，应该得到继承和发展。

江南地区的一些家族特别注重文化传承，长辈会亲自教导晚辈读书写字、学习传统文化，培养他们的崇文精神。学生对老师非常尊敬，会举行拜师仪式，毕业后也会保持联系，体现了学子对老师的感激之情和对知识的重视。清末民国时期有许多描写敬重老人与长者的竹枝词，如《金陵竹枝词》云：“长者门前敬意浓，后生晚辈礼谦恭。”《姑苏竹枝词》则说：“尊老敬贤风尚好，家庭和睦乐淘淘。”这些竹枝词体现了尊老敬贤的良好风尚，以及这种风尚对家庭和睦的积极影响。民国初年，传统工艺在现代工业的夹缝中生存。西洋文化的输入为烟画图像的装饰带来了新的气象。1930年前后上海南洋兄弟烟草公司为推销“长城牌”香烟发行了一套《二十四孝》香烟画片等，影响很大，附赠《二十四孝》的香烟画片，也表达了继承“忠孝”和“敬老崇文”的思想内涵。

▲ 1945 年上海两个老人坐在公园长凳上闲聊

▲ 民国时期，浙江湖州为老人祝寿的寿桃、寿糕等贺礼

▲ 1911 年法国耶稣会士禄是遒神父主笔《中国民间信仰研究》所载《麒麟送子图》

▲ 晚清江南民众信仰中的送子观音老照片

▲ 民国寺庙里的送子观音造像

新娘求子自中秋

——祈子之盼

古代社会，由于生殖科学知识的欠缺和医学科学的落后，人的生育以及存活都非常困难。加之封建礼教“不孝有三无后为大”“早子早得福”等观念的影响，农业劳动也迫切需要劳动力。因此，人们非常重视对孩子的生养。未结婚，希望早结婚；结了婚又盼望尽快生养，生养中又盼望生男婴。倘若结婚几年还不生养，无论对于当事者本人，还是他们的尊长，都是一件非常惧怕的事，为了避免这样的厄运，许多和生育有关的习俗便顽强存续，祈子便是其中之一。

清末与民国时期的祈子风俗有多种方式，归纳起来，大致有四种：

一是向主管生育之神灵（如送子观音、送子娘娘等）求子。已婚女子特别是久婚不育者，带着香烛、纸蜡、祭献礼物，到神像前默

▲ 民国老照片《送子观音图》

祷，求神赐子。有的则到娘娘庙神像前去“取花”：带上小三牲菜碗，金银纸钱等，由一老妇人陪同，在娘娘像前祭献跪拜、祷告；然后拔圣杯，看是否可取花，如不能便一直跪下去，直到终于得到拔圣杯。祈子者跪着撩起衣襟，由陪同老妇将娘娘头上的花或神座前他人还来的花，放入她的衣襟中，并说，此去可以给你多生子，生了后，再来拜生胎妈做干母。此为主要的祈子法。

二是借吃某种食物祈子，如喜蛋、瓜等。早在女子怀孕之前，尤其在婚嫁之时，就有一系列生活俗礼围绕着未出生的生命开始启动了。例如年轻女子出嫁，娘家要在陪嫁中备一只红漆马桶，曰“子孙桶”，放在马桶里的是红枣、花生、桂圆、莲子等物，四种物品取其谐音，合称为“早（枣）生（花生）贵（桂圆 ）子（莲子）”，寓意对新人早育子嗣、多子多福的美好祝福。有些地方，子孙桶里有五个熟红皮鸡蛋。嫁妆送至男家，那些久不生育的女人就会讨要子孙桶内红蛋吃。据说，一吃此蛋，很快就会有喜。然后由男孩在马桶里撒尿。新马桶由男孩撒第一泡尿，预兆新婚夫妇将“早生贵子”。

三是在新生儿洗三时，亲友都来添盆，洗儿盆里放着红蛋，久不怀孕女人吃了，同样可以很快受孕。还有的地方，在农历三月初三这一天，无子嗣的人家，买一南瓜，当日将整瓜入锅煮烂，午时置于桌上，夫妻并肩而坐，同时举箸，尽量饱食，不久即可得子，江南各地大都有食瓜祈子的风俗，也衍生出不少“偷瓜”习俗。

四是以偷瓜、送瓜、偷灯、偷送观音绿鞋、拴娃娃等方法祈子。

▲ 民国时期的吉语铜钱“琴瑟和谐、早生贵子”

除此之外，最能够直接从视觉上表达求子意愿的，当是各种陪嫁绣品，丰富多彩的图案预示了人们对繁衍后代的心理寄托与愿望。新婚的陪嫁被面或帐檐，往往绣有一个可爱男童骑在麒麟身上，一手持莲，一手抱笙，暗喻“连生贵子”之意。民间普遍认为，求拜麒麟可生育得子。麒麟为仁兽，是吉祥的象征，能为人带来子嗣。故在新人陪嫁的嫁妆中，被面、帐檐，甚或新人的肚兜衣饰，都绣有“麒麟送子”的图案。如果女子结婚一两年不孕不育，男家亲朋在农历正月十六的晚上，扎糊一纸婴儿，并用玻璃灯绘“麒麟送子”的图样，敲着锣放着鞭炮送到不孕女子的床榻前。女主人用糖茶招待亲朋，客人喝过茶后将茶碗倒扣，认为这样就可以生男孩了。

中秋“偷瓜”，是为了“祈子”。偷瓜与中秋相联系，有清代文人吴梅颠所写《徽城竹枝词》：“八月中秋偷北瓜，相逢不当贼来拿。芋头多子亦遭窃，佳贼原非饱自家……玉手纤纤好摩抚，新娘求子自中秋。”对明清时的江南人来说，“北瓜”是南瓜的一个别称。这首竹枝词写得很明白，偷瓜就是为了求子，而且即便看见了也不会将偷瓜的人当作小偷。苏州诗人蔡云在描写中秋节的诗中写：“早烧香斗祝团圆，蜡炬生花未肯残。偷得番瓜藏绣被，更无情绪倚栏看。”“番瓜”，也是南瓜别称。将它藏于锦被之下，是宜男之兆，可以为家庭添男丁。

到了民国时期，这种习俗更加流行，有人曾专门记载：送南瓜，庐县习俗。凡妇人之久不孕者，其亲属于中秋夜送以新摘南瓜，谓可生子，富贵之家则穷极奢侈以耀市井，有旗、锣、轿、伞、皂、隶等仪仗，瓜连叶、蒂盛盒中，二人扛之，前又有二人抬一莲花灯亦极好看，最后送瓜人坐轿随之，受礼之家设筵款待，所费不赀。民国与清朝相比，这项民俗既有传承也有发展，时间是“中秋夜”没有变化，但从“偷瓜”发展为光明正大的“折瓜”，把原本还有点情趣的习俗也变得越来越烦琐起来。

怜子如何不丈夫

——添丁之喜

祈子风俗在中国社会中盛行，尤其是在农耕文化观念根深蒂固的江南地区。这种风俗反映了人们对后代的重视和对家族延续的期望。江南妇女分娩在过去被称作“做舍姆”或“做舍姆娘”，有点舍出性命的意思。旧时缺医少药，妇女助产靠接生婆，多为邻里乡亲中有助产经验的中老年妇女。正因为此，妇女生产犹如赴鬼门关，所以江南

▲ 1917—1919 年，杭州幼儿园的幼童

地区有各种谚语来形容妇女生产分娩的危险性。如浙江绍兴人有“妇女做产，是一只脚伸在红脚桶里，一只脚伸进棺材里”的说法，扬州则有民谚“行船走马三分命，妇女生养只一分”，短短几句话表达了母亲临产时所经历的痛苦与危险。

妇女临产前，娘家要送催生担，就是所谓“催生”。催生担一般有衣服、食物两类，衣服有婴孩穿的棉袄、夹衣、单衣以及包被、尿布、涎兜等婴儿用品；食物主要有鸡蛋、红糖、桂圆、长面等。自得知出嫁女儿怀孕喜讯，娘家爹妈便为即将出生的外孙或外孙女缝制各色衣裳。这些衣服都请工于女红，家中儿孙满堂，夫妻双双高寿的人亲手缝制，一来可以讨得缝衣者的福气，二来为婴儿讨个吉利。娘家为婴儿准备的衣服，从抱裙到尿布，应有尽有，一应俱全。家底殷实的人家，甚至将婴儿的衣服从出生的第一件毛衫到12岁以内的衣服全部穿戴一一备齐。催生衣物要用包袱包扎，有的地方还要把包袱从窗口丢到屋里，包袱朝里朝下的话就预示着生男孩，朝外朝上的话就是女孩了。许多家庭还会通过各种方式祈求生育子女，如拜神、求签、佩戴护身符等。一些地方还会举行专门的祈子仪式，祈求神灵的保佑。

为了预卜生男还是生女，娘家人还带上一只鸡笼，内关公鸡母鸡各一只。进了女婿家大门以后，娘家人把鸡笼打开，如果是公鸡先出笼，则预兆生男，若是母鸡先出笼，则预兆生女。这些现在看来有些荒唐的做法之所以能成为习俗，被老百姓虔诚地照办，是因为在传统观念中，子孙繁衍被视为家族延续和香火不断的重要标志。因此，祈子活动不仅是个人和家庭的需求，也是社会文化的一部分。这种祈子风俗进入了一些文学作品之中，如鲁迅的诗句“无情未必真豪杰，怜子如何不丈夫”所表达的，就洋溢着父亲对子女的关爱和责任感。这

▲ 1907 年，上海一群周岁左右的孩童穿着传统中式服装

▲ 民国时期上海照相馆所拍摄的幼儿坐在船舰式童车里

▲ 20 世纪 20 年代幼儿园的小朋友

种情感在民国时期的文学作品中得到了广泛的表现。

▲ 1949 年一对年轻夫妇抱着儿子合影

婴儿出生后，还有“开口奶”和“洗三”的风俗，母亲不能马上喂食婴儿，而是在生下二十四小时后，才给婴儿喂奶。但母亲先不喂奶，而是向别的产妇讨奶吃，叫“开口奶”。讨开口奶有一定的讲究，即男婴必须讨女婴母亲的奶，女婴要讨男婴母亲的奶，这样长大后男女求婚能一说即合。在喂开口奶前，先给婴儿喂一口黄连汤，寓意先苦后甜，然后把肥肉、糕、酒、鱼、糖分别制成汤，用手指涂在婴儿嘴边，边涂边念：“吃了肉，长得胖；吃了糕，长得高；吃了酒，福禄寿；吃了糖和鱼，生活甜又富。”在婴儿吃了开口奶之后，母亲方可喂婴儿吃自己的奶。婴儿降生后三日，家中举行仪式进行祝贺，叫作“洗三”。洗三，顾名思义，是家人为婴儿出生三日后洗浴，也叫“洗三朝”。“洗三”时事先用艾叶、花椒等中草药烧成热汤，有些人会在浴盆中放入桂圆、花生、长生果等，家中长辈在为婴儿洗澡时，要捞出浴盆中的吉利物件并说一番吉利话。“洗三”之后，向亲友和邻里报喜送红蛋。按江南礼俗，生男孩送红蛋的个数为单，生女孩送红蛋的个数为双。这样，从红蛋的个数，亲友邻里就可以知道是男孩还是女孩了。人们普遍认为，拥有子女不仅是家庭的责任，也是社会的希望。

随着社会的发展和观念的变化，祈子风俗在民国时期已经历了一些变化。随着西方文化的影响和新文化运动的兴起，一些受过新文化影响的知识分子开始反思传统的家庭观念和生育观念，民国生育礼制变革，传统的祈子活动，如拜神、求签等在一些地区逐渐被新的生育观念所取代。一些受过新教育的青年开始重视科学和理性的生育观念，减少了对传统祈子仪式的依赖。传统的大家庭逐渐向核心家庭转变，家庭成员之间的关系和角色也发生了变化，这在一定程度上影响了祈子风俗的传承和实践。

我唱宝宝抓周彩
——弥月志喜

婴儿出生后，满一个月，称“弥月”，即“满月”。弥月时期，民间有各种要操办的礼俗：其一，要祭拜祖先。在满月日，准备油饭、鸡酒等丰盛祭品祭拜祖先，并将孩子的出生时辰与姓名告知祖先，求取庇佑。除祭拜祖先外，有的家庭还会宴请宾客，以示庆祝。其二，外婆家要有礼赠，满月之日，婴儿的外婆家会送礼物给外孙，称为送“头尾”。所谓“头尾”，就是礼物需涵盖婴儿“从头到脚”的用品，一般包括帽子、衣裤、鞋袜和饰物等。比较富庶的人家，还会加送一些果品、红蜡烛等礼品。婴儿父母则回赠一些礼品。其三，是向亲朋好友报喜，婴儿父母通常会准备礼物，最为常见的就是发红蛋，红蛋除因蛋形象征圆满无缺外，又取“蛋可孵鸡，鸡又生蛋”生生不息之吉祥意味，用蛋做成的食物，都是弥月之礼中最重要的表征。

满月酒是婴儿出生之后最为重要的一个仪式，一般在婴儿满一个月后举办，也有的在满两个月后举办，即双满月酒。在这一天，家中大摆宴席，邀亲接友，亲友多以钱物馈赠祝福新生儿的诞生。满月酒通常也叫“剃头酒”，因为婴儿满月，在这一天要请剃头师傅上门为婴儿剃去胎发。如在冬季分娩者，则待至来年农历二月初二日，俗称二月二日龙抬头。剃时由舅父抱之，注水银盆，开始奏刀，取婴儿胎发入金银小盒，盛以色线结络。诸亲友争相抱之。然后将小儿置于厨下“刍”上（“蒭”是“刍”的繁体写法，本义为喂牲畜的草），视

▲ 婴儿出生后，满一个月时称为“弥月”，即满月。图为一户人家办满月酒时的合影

之如犬羊，这样做希望小儿容易长成。是日开筵飨客，称为“吃剃头酒”；主人又染红蛋，五枚一络，遍赠亲友。剃头师傅在完成剃发之后还要恭维几句吉利的四言八句：“剃去胎发，越剃越发，人财两旺，金玉满堂”，“麒麟送子到府庭，朝中又添新贵人。状元及第登皇榜，禄位高升喜盈门”之类。男孩一律剃成后脑勺或头顶心的一撮胎发留下，剃成“桃形”也叫“百岁毛”，而女孩一般剃光头，这样胎毛剃光后，新发可以长得更密更黑。旧时剃胎发的仪式非常隆重，家中点上红烛，摆上供品。剃头师傅的工钱比寻常师傅要高出数倍。

“百日礼”是诞生礼的一种，在民间颇受欢迎。这一习俗在宋代已经非常流行，通常在新生儿诞生后的第九十八天或第九十九天举行。仪式包括放炮仗、讨百家物、穿百家衣、戴百家锁、举百家礼、办百日宴等流程。其中，百家衣由各家讨来的碎布缝合而成，长命锁则最好用乞丐讨来的小钱购买。这些仪式都表达了对新生儿健康成长、长命百岁的美好祝愿。

抓周又称为“试晬”“试周”“试儿”，是婴儿第一个生日纪念日的庆祝方式。婴儿抓周的物品主要有尺、秤、升及其他杂物，放置小儿面前，任其乱搅，谓之“捡物”，小儿捡何物即谓将来必喜何事。如《桐城抓周歌》唱道：“人生一岁智门开，我唱宝宝抓周彩。抓起笔砚龙门进，抓起刀枪疆场奔。抓起算盘元宝滚，抓起扁担挑金银。七十二行人人做，行行都能出能人。”这反映了江南民众也看重婴儿的“抓周彩”。它与产儿报喜、三朝洗儿、满月礼、百日礼等一样，同属于传统的诞生礼仪，也是一种预兆小儿前途和职业的礼仪。

▲ 满月酒，是指婴儿出生后一个月而设立的酒宴。图为贺喜的人与孩子合影

▲ 近代社会贺人生子，认为婴儿满月即渡过难关。图为母亲与满月孩子

▲ 民国时期江南儿童抓周前留影

▲ 上海一户人家老妇人怀抱婴儿的百日照

北齐颜之推《颜氏家训·风操》中记载：“江南风俗，儿生一周，为制新衣，盥浴装饰。男则用弓、矢、纸、笔，女则用刀、尺、针、缕，并加饮食之物及珍宝服玩，置之儿前，观其发意所取，以验贪、廉、愚、智，名之为‘试儿’。”此俗至少在南北朝时已普遍流行于江南地区，到隋唐时逐渐普及全国。

抓周仪式的意义，既有庆贺宝宝满周岁，同时也通过祭神拜祖，告诉祖先宝宝满一岁的讯息，祈求宝宝能健康成长。在穿戴一新的孩子面前摆上一个盘子，内装文房四宝、书籍、珠宝、算盘等物，任由小儿自己抓摸。如果孩子抓了文房四宝或者书籍，家人亲友认为孩子是文曲星下凡，长大后必将识文断字，聪慧可人。如果抓了算盘珠宝，孩子长大后必将大富大贵。通过抓周这种由偶然性来预兆将来的必然性的人生走向，无疑寄托了家人对孩子前途的祝福。现在的人们依然沿袭了“抓周”的庆贺仪式，其核心是对生命延续、顺利和兴旺的祝愿，反映了父母对子女的舐犊情深，具有家庭游戏性质。

▲ 1917 年，一名女教师正在给低年级的孩子上课，黑板上贴着“谢谢妈妈”“放学回家”等字条，墙上还挂着家畜的图样以及孩子们的绘画作品

开学今朝喜气扬

——开蒙礼仪

孩子到了快入学的年龄，古代学童教育的基本思想还是在于“童蒙养正”。《易经·序卦》曰：“蒙者，蒙也，物之稚也”，指“蒙”乃事物处幼稚阶段之状态。万物伊始，定有迷蒙，儿童生长亦然，“童蒙”即指幼儿阶段之特性，故古称幼儿教育作“蒙学”。初始教育曰“启蒙教育”，要以“知廉耻、明是非、懂荣辱、辨善恶、全品质、养道德”，“修之则吉，悖之则凶”，就是让孩子从小接受正确的是非观和道德观。所谓“养正”，“正”是人间浩气，也是荒漠甘泉，它清澈透明，干净纯粹，没有味道，没有颜色。学童时代，孩子的心灵如同一张洁白无瑕的白纸，所以“养正”，明辨是非，知道什么是香的，要加以模仿，什么是臭的，避之唯恐不及，不论怎么

说，这个思想是教育的精华，人的生命极为珍贵，人的一生又是那么短暂，人生不能重新来过，从学童时代，塑造好品行和养成好的习惯是极为重要的，恰如俗话说的："养树重在养根，育人重在育心。"童蒙养正能够保持孩子的清明天性，给孩子树立正确的是非善恶道德观。清末民国时期对于孩子开蒙求学的礼仪也是非常重视的。

清末民国时期，江南地区孩子的入学仪式被称为"开蒙"，在人的教育上具有里程碑意义，象征着孩子正式步入学习之路。家庭一般会选择一个吉利的日子为孩子举行开蒙仪式，以期孩子学习顺利，前途光明。开蒙仪式中通常会有祭拜"大成至圣先师"孔子的环节，以示对学问和教育的尊重。一般有条件的学馆，学童们要一一站立，由先生依次为他们整理好衣冠。先正衣冠，后明事理，十分注重学生仪

▲ 清末江南某地农村，一所女子学校开学时，学生拿着书本，正在排队进入校门

表的整洁。然后学童们在先生的带领下，先拜孔子先师，然后再拜先生。在古代，拜先生需要准备六礼束脩，包括芹菜、莲子、红豆、枣子、桂圆和干瘦肉条等，这些礼物都有特定的寓意。礼毕，学童们需要将手放入水盆中，正反各洗手一次，然后擦干。洗手的寓意是净手净心，希望学生在日后的学习中去除心中的杂念，认真学习，发愤图强。最后先生手持蘸着朱砂的毛笔，在学童眉心处点上红点，为学童们朱砂开智。朱砂点痣，取的是古语中“智”的意思，意为开启智慧，目明心亮，也希望学童们日后的学习能一点就通。

这些开学礼仪历经千年而未改，每个步骤都暗含尊师重道的意思，也饱含了师长对于学子的殷切期盼。开笔礼是孩子在老师的指导下写下第一个字，通常是“人”字，象征学习做人。开蒙仪式结束后，家庭可能会举行宴会，邀请亲朋好友共同庆祝孩子的入学，亲朋好友可能会给孩子送上书籍、学习用品等作为入学礼物，以示对孩子学业的支持。

▲ 1925 年五卅惨案后上海光华大学开学典礼

▲ 20 世纪 20 年代上海爱国女校开学典礼，后排左五为蔡元培

这些传统礼仪和讲究体现了中国文化对教育的重视和对孩子美好未来的祝愿。随着时代的发展，虽然一些传统习俗已经有所简化或改变，但开蒙仪式的核心意义——尊重教育、激励学习——仍然被保留和传承。有《练川杂咏》竹枝词云：“书包收拾读书忙，开学今朝喜气扬。戒尺高悬师道重，儿童敬畏坐明堂。”这首竹枝词描述了学生们收拾书包准备读书，开学时喜气洋洋的氛围，以及老师高悬戒尺，学生们敬畏地坐在明堂里的情景。

清末民国时期，江南地区的开学礼仪还流传着许多有趣的掌故和轶事，鲁迅在江南水师学堂

▲ 民国时期学校开学后，课堂上的小女生瞪着大大的眼睛，看着黑板

求学时，开学第一天，他和同学们早早来到学校，等待着举行开学仪式。该校校长在开学仪式上的一席话，可谓影响了鲁迅的一生。还有说徐志摩在上海求学时，曾拜国学大师梁启超为师。在拜师仪式上，徐志摩向梁启超献上了束脩，并行了三跪九叩之礼。梁启超对徐志摩的才华十分欣赏，师徒二人从此结下了深厚的情谊。

陶行知是中国著名的教育家，他在江南地区推行了一系列新的教育理念和方法。他主张“生活即教育”“社会即学校”，强调学生要在实践中学习，注重培养学生的创造力和社会责任感。他的教育理念对江南地区的教育产生了深远的影响。恰如一首《云间竹枝词》说的：“开学仪式古风存，礼拜先师敬孔门。诵读经文声响亮，传承文化育贤根。”陶行知的教育理念也值得现代的教育家重视和学习。

吹尽狂沙始到金

——毕业典礼

从清末民初开始，随着中国经济文化的进步和西方礼仪的传入，传统的挂匾额、树牌坊等礼仪庆典逐渐减少乃至趋向沉寂，同时又产生了一些新的公众礼仪活动方式。如学校的文化类礼仪，一般学校每年至少举行四次礼仪活动，即开学典礼、毕业典礼、尊师礼和校庆礼。此外，各种各样的大会和展览会等都照例要举行开幕礼、闭幕礼。

开学典礼通常在每学年开始时举行，如春季开学。校长或校方代表会发表讲话，欢迎新生，回顾学校历史，阐述教育理念，并对新学年提出期望，具体还包括升国旗、唱国歌、学生代表发言等仪式。毕业典礼一般则在学年结束时举行，如夏季。庆祝学生完成学业，颁发毕业证书，表彰优秀毕业生。通常还会举行校长致辞、毕业生代表发言、颁发证书、合影留念等仪式。民国尊师礼一般在教师节或其他特定日子举行，表达学生对教师的尊敬和感激，强调尊师重道的传统美德，学生向老师献花、鞠躬，可能还包括教师代表发言，表达对学生的期望和祝福。校庆礼则是在建校纪念日举行，回顾学校的发展历程，庆祝学校的成就，增强学校凝聚力，同时举办包括校史展览、文艺表演、校友联谊、捐赠仪式等。这些礼仪活动不仅是学校文化的重要组成部分，也是培养学生集体荣誉感和社会责任感的重要途径。通过这些活动，学生能够更好地融入学校生活，理解学校的价值观和教育理念。

▲ 1920 年南京金陵女子大学女大学生毕业典礼合影

▲ 1925 年前后，上海同仁医院护校 8 名男性毕业生手执文凭与教师合影

就以毕业典礼而言，欧洲文艺复兴后，出现了一大批大学，这些大学讲究对学生进行学术能力测试，凡是考试合格的应试者，要穿上黑色宽大的僧侣长袍，坐在长形桌前，享受葡萄酒盛宴。也许是这种仪式开了大学毕业典礼的先河。到19世纪，世界各国逐渐建立起学士、硕士、博士的学位制度，这种学位制度在20世纪初传入中国后，中国也逐渐建立起了现代意义的毕业典礼。1907年3月，京师大学堂（北京大学前身）举行的毕业典礼蔚为壮观，一时成为各校楷模。在这场毕业典礼上，学部大臣、总监督、全体教习与学生一起，由总监督李家驹率领到会师生，还要分别向“万岁牌”和“圣人位”行三跪九叩的大礼，而后由总监督发放学生毕业证书。毕业生等同进

士及第，按照最优、优等、中等级别分别授予官职。翻译家林纾系文学教员，典礼仪式上代表学堂教员赠言，勉励毕业生进入教职，能够心系国家、爱生敬业、教化乡里、救弱济困、弘扬正道。1919年，金陵女子大学举行首届学生毕业典礼。典礼仪式的流程严格按照西方大学执行，所有的教职员、学生都需正装出席，获颁学士学位的五名学生身着西式学士服，头戴学士帽，接受全体师生的祝福。该校办学36年间，金陵女子大学共培养学生999人，有“999朵玫瑰”之称。毕业典礼不仅是一种仪式感，更是一种精神的坚守和传承，这一点在全民族抗日战争时期表现得尤为突出，一些大学接受来自西方公学的毕业传统，毕业典礼在20世纪30年代渐渐规范化，成为一项内容极

▲ 1922 年南京金陵女子大学第四届大学生的毕业照。图为 10 位身着学士服的女大学生和一位外国女教师

为丰富、具有特色的礼仪教育。

民国时期的大学教育注重培养学生的荣誉感和归属感，其中一些学校还会采取一些特别的方式来纪念学生毕业，据说有的大学还曾颁发毕业戒指。这种做法在美国等西方国家的大学中较为常见，毕业戒指通常会刻有学校的校徽、毕业年份或是学生的姓名，作为学生对母校的纪念和对大学时光的回忆。上海交通大学1934届毕业生还举办了旅行实习。

毕业典礼在英语中通常被称为“Commencement Ceremony”。在不同的国家和地区，也可能使用“Graduation Ceremony”或“Convocation”来描述这一活动。学生从学校毕业,结束的只是学业,真正的事业才刚刚开始。唐代刘禹锡《浪淘沙·其八》诗云:“千淘万漉虽辛苦，吹尽狂沙始到金”,无论是国家、社会还是个人,前进道路上的困难，终将成为成长过程中的 机遇，经过千遍万遍的过滤，历尽千辛万苦，最终才能淘尽泥沙得到闪闪发光的黄金。人生的道路也不会总是一帆风顺，常常会遭逢各种困难和挫折，战胜困难，实现明天的成功需要百折不挠的勇气。无论毕业典礼的外在形式如何变化，其内核都不应忽视，这就是以所学的知识和学养，为家国天下贡献力量。

▲ 1940 年，上海乐园小学毕业纪念照

▲ 1945 年，上海复旦大学春季法律系毕业同学留影

▲ 1901 年美国传教士何德兰《中国的男孩女孩》中的江南美少年

▲ 1910 年江苏海州（今连云港市海州区）两名男子站在一栋砖楼前留影

少年易学老难成

——成年礼仪

从民俗学看来，成年礼（成丁礼）是各民族为标志个体从少年向成年人的身份转变，通过仪式性活动（如考验、祝福、象征符号赋予等），使其获得社会承认并明确权利义务的民俗文化实践。其核心是文化对人的 “社会化完成” 的制度性确认，兼具族群认同建构、伦理规范传递、心理角色重塑等多重功能，具体形式因文化传统而异。这项人生礼俗可能有不同的形式和内容，但是就本质而言，它是由生命胎动来到人世，再由婴孩牙牙学语到接受教育，在熟悉社会、吸收知识、接受训练等过程中的一个必然的质的飞跃。如果说，“诞生礼”是生命来到人世的开端，那么“成年礼”则是人生道路上的第一块界碑。

古人很重视成年礼，为什么重视？因为社会的许多权利，只有到了成年才能享有，例如家族中的议事权，社会事务的参与权，意味着一个人开始承担一定的社会义务，如纳税、服兵役，赡养父母等。古代社会的成年礼，男称“冠礼”，女称“及笄”。古代各族青年的成

▲ 1912 年民国初建，苏州三位风度翩翩的青年才子合影，后来都成为中国学术的一代宗师。他们是（左起）：顾颉刚、叶绍钧、王伯祥

▲ 1932 年，南京“初长成”的女孩合影

长礼俗，几乎都与人的头部有关，与头上的发饰或帽子有关。如童年时，把头发扎成状如一对牛角的小髻，少年时不戴帽子，头发下垂，称“垂髫”，或称“束发”。男子20岁行“冠礼”、女子15岁行“及笄礼”，意味着男子戴帽子、女子有资格用簪子来盘发，标志着成年，社会予以承认，可择偶婚配，当然也要予以管理和约束。

成年礼有严格的仪式，身份阶层不同，仪程简繁有别。据《仪礼·士冠礼》记载，秦汉以前，对士的冠礼仪式是非常讲究的。冠礼一般在宗庙里举行，由冠者的父亲或兄长主持。另有专门负责加冠的人，这加冠的人被称为“宾”。通常是父兄的僚友。事前须再三敦请方答应而来。行冠礼时，来宾要给冠者戴三次帽子：第一次是一顶用黑麻布做成的，叫作“缁布冠”；第二次是一顶用几块白鹿皮拼接成的，叫作“皮弁”；第三次是一种用白葛布或者丝帛制成的平顶帽，颜色红中带黑，与雀头相似，故称作“爵弁”。三顶帽子意义各不相同。缁布冠表示冠者从此有治人的特权，皮弁表示从此有服兵役的义务，爵弁表示从此有参加祭祀活动的权利。宾加冠时要有一个助手，称作“赞”，大抵是负责接递帽子。宾一边加冠，一边还得念念有词，讲一些对冠者劝诫和祝福的话。三次加冠毕，主人要设宴招待宾赞等人，叫作“礼宾”。接着冠者人家拜见母亲，再由宾为其起个“字”，然后依次拜见兄、弟、赞，入室拜见姑姊。这以后，冠者换一身玄色衣帽，带着礼品去拜见国君、乡大夫、乡先生等。最后，主人向宾敬酒，赠送礼品，冠礼方才结束。女子的笄礼程序与冠礼大致相同，但规模要小些，主持人是女性家长，宾和赞亦由女人担任。笄，即簪子，加笄时，先把幼年时的“总角”发式改变一下，将头发拢到头上绾成一个髻。笄礼后即可嫁人，不称名称字（别名）。

冠礼、笄礼是成年礼的演化结果。时过境迁，成年礼虽仍举行，但已无原先规模，后来便纯粹成为婚礼前必须经办的一个形式。古人谓“人生苦短”早婚早生子，因此男子的冠礼也便突破20岁这个界限，16岁便可举行冠礼。《宁波府志》：“冠礼，男子十六岁，择吉告庙，始冠，亦有及婚而冠者，三加请戒之礼。习俗久略。女子则当嫁时加笄焉。”成年礼在清末已基本式微，余绪仅在一些注重礼仪的士大夫家可见，时至今日汉族中已几乎找不到成年礼的历史遗迹，一个人，当他经过漫长的社会文化熏陶后，逐渐走向成熟，脱离了亲人的养育、监护，承当起了所在集团和社会所赋予的权利和义务。在这个时候，人们举行成年礼，来纪念当事人由童稚走向成熟的过渡。

▲ 20 世纪 30 年代，上海两位在西洋画学校求学的青春女子

随着民国礼制的颁布与施行，成人礼作为一种重要的社会仪式，标志着青少年正式成为社会承认的成年人，要承担起相应的社会责任和义务。但这种成人仪式相对模式化，一般多是学校校长讲话、教师代表讲话、家长讲话；通过一些互动环节或者往事回顾来触动青年学子的内心，使他们懂得感恩父母、感恩师长；具体做法如过成人门、佩戴成人徽章、颁发成人纪念册等。通过成人礼仪活动，让当事人感受到，岁月易逝，学业难成，当加倍努力。恰如朱熹《偶成》诗所云：“少年易学老难成，一寸光阴不可轻。”鼓励每一个年轻人须珍惜每一寸光阴。

第四章

建设事业与仪式化庆典

民国时期，随着社会的发展和建设事业的推进，各种仪式化的庆典活动成为社会生活的重要组成部分。这些仪式标志着一项工程或项目的正式启动或完成，也象征着社会生产力的提升和经济的发展。通过庆典活动，增强公众对项目重要性的认识，提高社会对事业进步和经济发展的关注度。基建项目竣工落成仪式则标志着一项基础设施建设的完成，如桥梁、道路、水利工程等，这些基础设施对社会经济发展具有重要意义，可以展示社会基础设施建设的成果，增强公众对基础设施重要性的认识。

一条新的交通线路的开通，如铁路、公路等，对促进区域经济发展和人员流动具有重要作用。举办通车典礼可以提高公众对交通建设的关注度，促进交通事业的发展。即使一家工厂的正式投产，一个铺面的开张营业，总要举办开工或开业仪式，可增强公众对工商业发展的信心。一场运动会的开幕，也要举办一个开幕式，不论身份、地位、性别，参与者都有平等参与的机会和权利。

船舰下水仪式，是海事领域的一种传统活动，它标志着新船建造完成并准备投入使用。举办一个下水仪式既是对造船工程顺利完成的庆祝，也具有强烈的象征意义，象征着新船生命周期的开始。船舰下水仪式通常包括一系列环节，如致辞、剪彩、掷瓶礼（将一瓶香槟酒掷向船头以祈求好运）等，这些环节都赋予了仪式以特定的文化和社会意义。传统上，下水仪式常常伴随着祈福活动，希望新船在海上航行安全，避免灾难。军舰的下水仪式则是展示国家军事实力和科技水平的重要时刻，具有政治和军事上的象征作用。

此外，河工合龙、渠堰放水等水利工程项目，堤坝、水库、渠道、水闸等竣工仪式等，都标志着一项水利工程的完成，通过仪式，可以展示水利建设的成果，增强公众对水利工程重要性的认识。举办这些仪式，庆祝重要事件或工程项目竣工的历史时刻，有助于维护社会秩序和规范，通过规定的行为模式来明确社会角色和期望。它提供了一个交流和互动的平台，使人们能够聚集在一起，分享经验和情感，也能够加强社会成员之间的联系，增强团体的凝聚力和归属感。

▲ 20 世纪 30 年代江南某城城墙上的“新生活运动”标语

兵魂销尽国魂空

——国民月会

清末民初，许多人具有爱国情怀，尽管有关结社、集会和言论的权利都明载于民国建立以来所制定的约法或宪章，但许多政治性的公众活动都不为当局所容忍。梁启超《读陆放翁集》诗云：“诗界千年靡靡风，兵魂销尽国魂空。集中十九从军乐，亘古男儿一放翁。”这首诗表达了梁启超对陆游的敬仰之情，反映了民国时期知识分子的报国情怀和对国家命运的忧虑。

20世纪30年代末，国民政府在全民族抗日战争期间倡导一种公众政治活动方式——国民月会。通过仪式的演练实现对民众的政治鼓动和精神动员。这种仪式化的活动强化了民众的现场感和参与感，是其他动员方式难以比拟的。它是一种仪式政治的特殊样本，因受到政府的支持，得以按机关、学校、乡镇、行业和宗族为单位每月按时进行，讲解国民精神总动员纲领要义、宣读国民公约誓词以及报告时事等，是国民月会的经常内容。

▲ 20 世纪 30 年代，上海新生活运动中的部分宣传招贴画

▲ 1934 年，福州协和大学师生下基层在街头刷标语，推广新生活运动

在国民月会推行最初的一两年间，全国各地风起而从之，形成一股热潮。由政府或相关组织发起，鼓励广大民众参与，以国家统制的形式，在特定的时空场景下进行，通常在每月的固定日期举行，成为国民政府进行战时民众教育和政策宣讲的场所。国民月会通常在特定的场所举行，如公共体育场或礼堂。参与者需要按时报到，并根据指定的区域进入场地。仪式开始时，全体人员会肃立，向国父遗像行三鞠躬礼是国民月会仪式的重要环节，表达对国父的尊重和敬意，营造出庄严的氛围。

在国民月会上，会有专人讲解精神总动员纲领规定的相关内容，这些内容通常包括革除旧习、创造新精神、实行三民主义等。每次国民月会都要求与会人员背诵《国民公约》，其内容包括不违背三民主义、不违背政府法令、不违背国家民族利益、不做汉奸和敌国顺民等。通过宣誓，强调了国民的责任和义务。此外还会组织名人演讲和宣传教育；通过宣传标语、宣传画、宣传册等形式，向民众宣传抗战的意义和目的，提高民众的抗战意识和责任感。在这种历史现场，血气方刚的青年学生很容易被带入情境，产生强烈的情感共鸣。在乡村，国民月会也在不经意间渗入乡民的日常生活中，成为他们战时状态的一部分。总的来说，国民月会的仪式强调了国家意识、民族精神和抗战决心的培养，它体现了当时的执政当局通过仪式政治来塑造和强化国家认同，通过庄严的仪式和宣传教育，激发民众的爱国热情和参与抗战的积极性。

国民月会仪式中的“宣誓”一项成为其核心内容。“各省市对于国民公约的宣誓，在四五六各月中都已举行，省会与城市方面，类多举行大规模的集会，共同宣誓；乡村方面，由县区动员会派员办理，以每保为单位的居多”，为增强公约的约束力，“各省加大宣传力度，规定每户均贴（国民）公约一张，以便家人时常诵读……江苏省各户门首均贴公约，而公务人员及从事乡村工作者，均须能背诵，且训练民众，亦须熟记不忘”。国民精神总动员纲领的讲解、宣传，是国民月会既定的主要内容。当然，除了政治教育，国民月会还包括文化娱乐活动，如戏剧表演、音乐会、演讲等，以丰富民众的精神生

▲ 20 世纪 30 年代开展新生活运动期间的清洁卫生运动

活。国民月会活动是一种社会动员方式，具有强烈的仪式感，通过固定的活动流程和仪式，强化了民众对国家和集体的认同感。通过定期举行的国民月会，政府可以及时了解民众的意见和建议，有助于维护社会稳定和秩序的建构。

▲ 1934 年，上海一户参加新生活运动的家庭成员合影

然而，当时仪式政治的形式化问题也很突出，宣誓、宣讲都只是口头的承诺，与国民实际的作为并无对接，且带有浓厚的党化色彩和个人崇拜意味；国民月会的刻板形式，以行政命令的方式由上而下强制推行，民众成了被动的参与者，使它未能完全达到预期的效果。

此风原是创西欧

——运动大会

通商之后，近代体育文化随着西方侨民进入上海，西方体育项目和理念开始在中国传播。最初，主要在租界内的侨民间流行，华人参与较少。到了20世纪20年代，随着社会开放和文化交流的加深，体育活动开始接纳华人加入。这一转变标志着体育在中国的本土化进程加速。中国社会逐渐从最初的惊诧和排斥，转向调和和吸纳，体育活动不仅保留了西方的特点，也融入了中国的文化元素。

上海作为中国近代体育的发源地之一，见证了中国近代体育从引入、本土化到向外辐射和现代发展的全过程。1850年上海率先建有“跑马场”开始赛马运动，不久就有学者作《西人跑马场》竹枝词云：“分道扬镳各自有，此风原是创西欧。莫轻驰骤夸先进，合算华人胜一筹。”简洁的语言表达了对西方体育活动传入中国的观察和思考。上海是中国近代体育发展的重要起始地。

▲ 1933 年 11 月，上海第五届小学联合运动会开幕式

民国时期，西方体育运动会传入中国，逐渐在社会上流行开来，从最初的“体育强兵、强种、强国”的观念，逐渐转变为“体育竞技、健身、休闲娱乐”的观念。在体育行政管理制度上，国民政府、军队和各地方均成立了管理体育的领导机构与非政府组织。此外，还形成了省市级、大区级和全国性的三级体育运动比赛体系，并公布了中国历史上第一个《国民体育法》及其实施方案。西方体育的传入大约始于19世纪60年代，即“洋务运动”前后。洋务派通过引进西方资本主义的先进技术，包括体育项目，以挽救摇摇欲坠的清王朝。在西方体育传入的同时，民族传统体育也得到了保护和发展。《申报》《时报》等对民族传统体育进行了大量报道，推动了武术等传统体育项目的快速发展。

民国时期的体育活动不仅在学校中推广，还逐渐向社会渗透。基督教青年会等通过组织表演、建设体育场地、发动和组织运动竞赛等方式，促进了西方体育在中国的传播。许多知识分子和政治家认为，通过体育活动可以增强国民体质，提升民族精神，从而实现民族复兴。例如，孙中山提出的“振兴中华”口号，强调了民族健康对改变中华民族屈辱命运的重要性。

民国时期的体育活动不仅在学校中开展，还在社会中广泛流行，成为人们日常生活的一部分。清末民国时期，中国举办了多次全国性的运动大会：第一届全国运动会于1910年10月18日至22日在南京南洋劝业场举行。这次运动会由美国传教士埃斯纳（D.T.Max Esner）发起，通过上海基督教青年会组织。比赛设有田径、足球、网球、篮球四个项目。田径项目包括50码、100码、220码、440码、880码跑，120码低栏，880码接力，跳高、跳远、撑竿跳高，铅球、链球等12个单项。参赛单位分为华北、华南、上海、吴宁（苏州南京）、武汉5个区，共有140名运动员参加。上海区获得总分第一，上海圣约翰大学获学校组第一名。

▲ 1935 年 10 月 10 日，在上海市体育场举行第六届全国运动会开幕式

这次运动会在辛亥革命以后被追认为第一届全国运动会。运动会举办得非常成功，影响很大，观摩者达数万人。第一届全国运动会在中国近现代体育史上具有里程碑式意义。它不仅是晚清以来中国西式体育发展的一次总结，而且也是后来西式体育发展的加速器，标志着中国人开始认识到现代新式体育的重要价值，体现了中国人决心奋起直追、融入现代国际体育大家庭的梦想。

▲ 1935 年，第六届中等学校联合运动会举办

民国建立后，1914年在北京举办第二届全国运动会；1924年在武昌举办第三届全国运动会，这两次运动会都是第一次由中国人主办，显示了中国体育事业的自主发展；1930年在杭州举办第

▲ 20 世纪 40 年代，上海交通大学举办学生运动会

▲ 1947 年 9 月，上海第二届工人运动会开幕式

四届全国运动会，这是中华民国成立后首次以政府名义组织的运动会；1933年在南京举办第五届全国运动会，这次运动会创造了一些较好的成绩，共打破21项田径、4项游泳全国纪录，如刘长春在100米、200米短跑上创造了新的全国纪录；1935年在上海举办第六届全国运动会，这是第一次按教育部颁布的《全国运动大会举行办法》举办的，运动的比赛规则、参赛办法均比历届规范。这次全运会在参赛人数和观众规模上都超过了1932年的第十届洛杉矶奥运会，是七届民国全运会中办得最成功的；1948年在上海举办第七届全国运动会，但这次运动会因为社会动荡，组织混乱，赛事纠纷不断，而显得潦草仓促，矛盾频发，成为民国全运会史上充满争议与混乱的“收官之作”。

竣工典礼人潮涌

——落成仪式

清末民初许多有关国计民生的基础建设项目，一般都是采取“合作投资”的方式，所谓合作投资，具体说就是官绅商一体化。朝廷或者政府、地方绅士和商人共同出资，这种合作模式有助于集中资源，推动项目的顺利实施。政府提供政策支持和行政便利，地方绅士提供土地和劳动力，商人提供资金和管理经验，在项目决策过程中，官绅商三方的意见和利益都得到充分考虑，这种机制有助于平衡各方利益，确保项目的顺利进行。在项目实施过程中，各方共同承担风险，减轻了单一方面的压力，增强了项目的稳定性和可持续性。如1865年设立的江南制造局，是晚清时期中国最重要的军工企业之一，其创办和发展过程体现了官绅商一体化的特点。政府提供资金和政策支持，地方绅士提供土地和劳动力，商人提供技术和管理经验，共同推动了企业的快速发展。再如1906年设立的浙路公司，是清末民初官绅商一体化的典型案例。该公司的创办体现了政府、地方绅士和商人之间的紧密合作。浙路公司成功修建了浙江地区的铁路，促进了当地经济的发展。

▲ 1930 年 12 月南京铁路轮渡开工典礼合影

近代市政基础建设项目，包括铁路、城市道路、电力照明、自来水等。这些城市基础设施改善了市民生产与生活条件，构成了近代城市建设的物质基础。尽管民国时期中国总体上百孔千疮，面临许多挑战，但江南地区在基础设施和城市建设方面，还是取得了一些进步和成就。如南京市政府开辟的中山路，自下关江边起，经过挹江门、保泰街、新街诸地方，直达中山陵，全长11千米，路宽有40米，并细分快车道、慢车道、行人道、憩息道。这样的道路建设在当时是非常先进的。1928年，浙江省政府为清洁饮水、顾全公益，开始

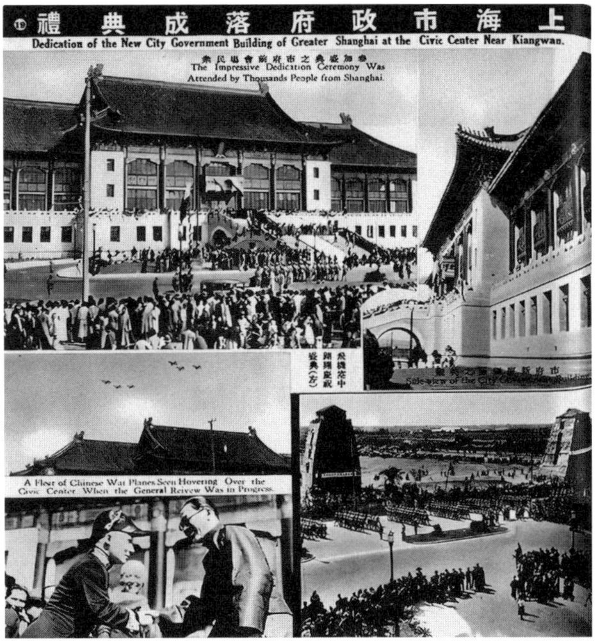

▲ 1933 年 10 月 10 日上海市政府大楼举行落成典礼

▲ 1935 年，南京灵谷寺举行国民革命军阵亡将士墓园落成典礼

▲ 中国银行大厦以 63 万两银元购得德国总会大楼，1922 年改建成银行营业楼，1936 年 10 月 10 日，中行董事长宋子文主持了大厦的奠基典礼，1937 年落成

筹办杭州市自来水，使杭州地区民生用水的现代化较一般城镇早得多，这标志着城市供水系统的重大进步。上海市政府在成立之初，就比较重视市政建设，仿照国外大都市建设的经验，在吴淞与租界之间建设新的市区。上海的租界地区如公共租界和法租界的建设较好，华界也逐步跟进。苏州也经历了工业发展的阶段，特别是在纺织业和轻工业方面。无锡在民国时期重视教育设施的建设，新建了许多学校和教育机构，为当地居民提供了更好的教育机会。宁波作为一个重要的港口城市，港口建设取得了显著进步，促进了对外贸易和经济发展。常熟县（今江苏省常熟市）在民国年间对城内的部分路段有过拓宽翻修的工作，在原有的碎石或石板结构道路外，建有新式的弹石路，即“冠云路”……这些建设项目不仅改善了当地居民的生活质量，也促进了经济发展和社会进步。

基础建设项目的落成典礼通常包括：开幕致词，由项目负责人或政府官员发表讲话，介绍项目的背景、意义和建设过程；举行剪彩仪式，象征着项目的正式启用；来宾参观新建的设施，了解其功能和特点；举行文艺表

▲ 1945 年上海孙中山先生诞辰暨国父铜像奠基典礼

演、烟花表演、宴会等，营造喜庆的氛围，表达对项目成功建成的祝贺。媒体还要对落成典礼进行报道，通过新闻、照片等形式记录和传播这一重要时刻。通过这些活动，不仅展示了项目的成果和意义，也反映了民国时期江南地区在基础设施建设方面的进步和努力。

公众参与是落成典礼的重要组成部分，民众可以通过参观、体验等方式，直接感受项目带来的变化和便利。这些基础建设项目及其落成典礼不仅展示了民国时期中国在基础设施建设方面的进步，也反映了社会对现代化发展的期待和努力。通过这些活动，民众能够更直观地了解和感受国家发展的最新成果。那个年代江南地区的建筑竣工典礼常常具有一定的规模和特色，从许多相关的竹枝词可以读到这方面的信息：

《上海新楼竹枝词》：“上海新楼矗碧空，巍峨壮丽映长虹。竣工典礼人潮涌，欢声笑语乐无穷。”《苏州园林竣工竹枝词》：“园林竣工韵无穷，亭台楼阁画图中。曲径通幽花弄影，江南美景意难融。”《杭州大厦落成竹枝词》：“杭州大厦势恢宏，高耸云天入碧空。竣工之时宾客至，繁华热闹映城中。”这些竹枝词描绘了江南地区建筑竣工典礼的热闹场景和人们的喜悦之情，同时也展现了江南建筑的独特韵味和风格。

彩旗飘扬人潮集

——通车典礼

火车站是交通运输的集散地，每一条铁路通车，都会举办隆重的通车典礼，以示庆祝与宣示。1912年1月1日，孙中山先生从上海乘火车抵达南京下关火车站，随后换乘南京的“小火车”前往两江总督署，当晚就任中华民国临时大总统。孙中山先生乘坐“小火车”经

▲ 1876 年 6 月 30 日吴淞铁路通车典礼，前来围观的群众“立如堵墙”

过的这条线路，就在这一天举办了它的通车典礼。这条铁路线被称为“宁省铁路”，全长12千米，沿途设有江口、下关、三牌楼、无量庵、督署、万寿宫等6个车站。南京“小火车”铁路1907年11月始建，竣工通车典礼上，彩棚站台上挤满了欢迎的人群，孙中山先生的到来引起了轰动。中华民国成立后，改名为“江宁铁路”。1936年，这条铁路向南延伸后，铁轨总长达到15千米，火车站增至9座。

杭江铁路（萧山西兴江边至玉山，现为沪昆线的一部分）西兴江边至兰溪段的铁路线始建于1930年3月9日，杭江铁路开工；1932年3月6日，杭州至兰溪段通车；1934年1月1日，杭江铁路全线正式通车营

▲ 沪宁铁路 1905 年 4 月正式开工，1908 年全线建成。图为建设者与清朝官员一起参加沪宁铁路全线通车典礼

▲ 1934 年 1 月杭江铁路建成通车，人们欢欣鼓舞

▲ 1933 年 10 月 22 日，南京火车轮渡建成并举行了落成典礼，南京几乎万人空巷。市民扶老携幼，来到江边，争相目睹火车乘船过江的壮观景象

业。杭江铁路起自杭县（今浙江省杭州市城区），经萧山、诸暨、浦江、义乌、金华、兰溪、汤溪、龙游、衢县（今浙江省衢州市衢江区）、江山至江西玉山为止。1934年1月1日杭江铁路通车典礼地点设在金华火车站。场面十分盛大，从嘉宾行程、现场布置到典礼流程，都彰显了这条铁路的重要性。参加典礼的嘉宾，每人得到了一枚全线通车纪念章。纪念章一面铸有张静江的肖像，上刻“本路创办人张静江先生”的字样。这次铁路通车成为沟通浙江江西等地的重要交通动脉。

苏嘉铁路是连接苏州和嘉兴的一条铁路线。1934年12月开工建设，在苏嘉铁路建设过程中，沿线苏南百姓积极配合铁路施工，为铁路建设立下了汗马功劳。尽管当时正值1934年江浙大旱之后，沿线老百姓挣扎在水深火热之中，但他们不计土地征购价钱，甘愿做出牺牲。1936年7月通车，全长75.7千米，其中江苏段53千米。通车典礼在1936年7月15日举行，从嘉兴站开出的苏嘉铁路第一趟列车驶往苏州。通车典礼在苏州和嘉兴两地车站分别举行，吸引了大量市民前来观看和庆祝。这一天，苏州和嘉兴两地的车站都装饰得非常隆重，彩旗飘扬，锣鼓喧天，吸引了大量市民前来观看，通车典礼上，举行了隆重的庆祝活动。通过这些细节，我们可以看到苏嘉铁路通车典礼不仅是一次盛大的庆祝活动，更是一次具有深远社会影响和历史意义的事件。

建成后的苏嘉铁路最初每日开行4对客货混合列车，客车速度为每小时35千米，货车为每小时30千米。它的通车极大地促进了苏州和嘉兴两地的经济发展，缩短了运输距离，提高了运输效率，苏州以西、嘉兴以南之间的客货运输都可不再绕道上海，运输距离缩短了110.7千米，节省了三小时运输时间，缓解了京沪、沪杭甬两路几近饱和的运输压力。

苏嘉铁路在军事上也占有重要地位。1937年“八一三”淞沪会战前后，苏嘉铁路输送了大批军队、武器和普通民众，发挥出贯通前线与后方的强大作用。然而，也因此遭到日军的狂轰滥炸，平望站站房全毁，11月19日全线落入敌手。苏嘉铁路的最终命运，可以说因抗日而兴，因侵华日军的轰炸被毁，运营时间不足8年。1944年3月，即将战败的侵华日军开始拆除这条铁路，到1945年1月，苏嘉铁路除路基、道砟、桥墩桥桩以及部分站房外被全部摧毁。

自南京中华门至宣城孙家埠的江南铁路，全长175千米，是民国时期民营铁路的代表。1934年11月25日，芜湖至宣城孙家埠铁路建成通车。通车典礼上，举行了盛大的庆祝活动，展示了民营铁路的成功。

除了铁路，还有公路建成通车，也大都要举办盛大的通车典礼。如老沪杭公路是中国第一条跨省国家公路，它的建设始于1922年，历经多年的建设和修缮，于1932年全线通车。时人有竹枝词《沪杭公路通车》：“沪杭公路初通车，江南大地展新图。汽车飞驰人欢笑，一路春风入画图。”《宁杭公路开通》：“宁杭公路开通日，彩旗飘扬人潮集。江南美景眼底收，快捷出行心欢喜。”这些竹枝词描绘了江南地区公路通车典礼的热闹场景和人们的喜悦之情，同时也展现了铁路、公路建设对江南地区经济和社会发展的积极影响。

▲ 1935 年 3 月 5 日清晨，上海有轨电车举办通车典礼后第一次驶上街头

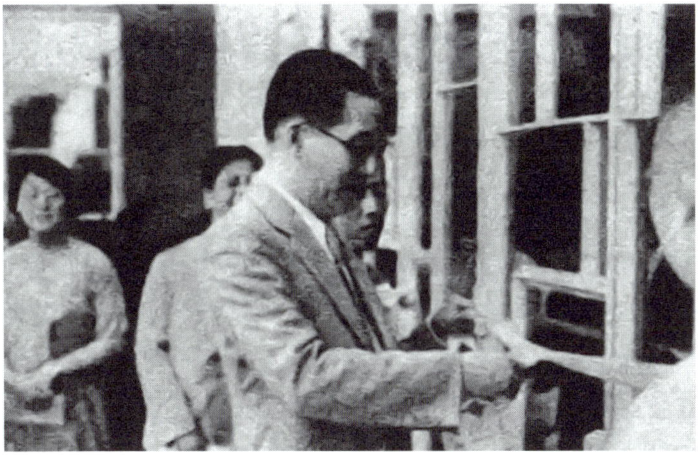

▲ 1934 年 6 月 17 日，上海虹桥疗养院正式揭幕，市长吴铁城亲临现场剪彩

▲ 1936 年元月，由澳洲华侨蔡昌创办的大新公司开业，《申报》刊载整版开业广告

枝梢剪彩袅东风

——开业剪彩

剪彩是庆祝活动中一项重要的仪式。民国时期，在庆祝工厂开业、商号开张、宾馆落成、道路开通、展会开幕、道路桥梁首次通车等重要时刻，通常都会举行剪彩仪式。作为一种重要的庆祝活动，剪彩仪式有很大的应用意义。

工厂开业是剪彩仪式的常见场合，工厂主通常会邀请当地政府官员、商业伙伴和社区领袖参加剪彩仪式，以此庆祝新工厂的成立和运营；商号或商店开张时，剪彩仪式也必不可少，商号主会在店铺门口举行剪彩仪式，吸引顾客和路人的注意，增加开业的喜庆气氛；宾馆或酒店落成时，剪彩仪式同样重要。宾馆管理层会邀请贵宾剪彩，庆祝宾馆的正式开业，并向公众展示宾馆的设施和服务。其他诸如道路或桥梁建成开通时，剪彩仪式是庆祝工程完工的重要环节，政府官员或项目负责人会在道路或桥梁的起点或终点剪彩，象征道路的正式开通。再如举办一次展会，总得搞一个像模像样的开幕式，剪彩仪式也

▲ 1938 年 10 月，著名银行家陈光甫等与美国财政部长摩根韬等关于“桐油借款”达成协议时留影

是常见的庆祝方式。主办方会在展会入口处举行剪彩仪式，吸引参展商和观众的注意，增加展会的吸引力。

开业剪彩的仪式，大门前张灯结彩，安置着彩旗和横幅，上面写着庆祝开业的标语，门口摆放着鲜花和花篮，增添了喜庆的氛围。宾客们陆续抵达，他们身着盛装，手持贺礼，脸上洋溢着喜悦的笑容。工厂老板和管理层在门口迎接宾客，与他们握手寒暄，表达对他们的欢迎和感谢。准备剪彩所需的彩带、剪刀、托盘等物品是必不可少的。邀请的重要嘉宾，如政府官员、商业领袖、社区代表等，作为一个重要的商业事件，通常会吸引众多的宾客和社会名流前来祝贺。在仪式上，主持人宣布剪彩仪式开始，事主代表介绍剪彩嘉宾和仪式的意义；嘉宾或主办方代表发表致辞，表达对项目的祝福和对未来的期望。接着老板和嘉宾们手持剪刀，剪断了彩带，象征着工厂正式开业，剪彩完成后，鞭炮齐鸣，锣鼓喧天，现场气氛达到了高潮，也象征着庆祝仪式的成功。剪彩仪式结束后，后续可能会安排参观、宴会或其他庆祝活动。

整个开业典礼充满了喜庆和祥和的气氛，展示了商业活动的繁荣和活力。老板的致辞和宾客的祝贺体现了当时社会对工商业的重视和支持，也为工厂的未来发展奠定了良好的基础。通过这些仪式，人们不仅庆祝了重要项目的完成和开业，也展示了对未来发展的期待和信心，剪彩仪式成为了连接过去和未来、传统和现代的重要纽带。

▲ 民国时期老上海“南京路大三元支店”开业情景

▲ 1944 年上海大沪百货公司开业时顾客盈门

剪彩一直常盛不衰并且仍然被业内人士所看好，主要是基于以下三个方面的原因：第一，剪彩活动热热闹闹，轰轰烈烈，既能给主人带来荣耀，又能令人产生吉祥如意之感。第二，剪彩不仅是对主人既往成绩的肯定和庆贺，而且可以对其进行鞭策与激励，促使其再接再厉，继续进取。第三，剪彩可借活动的机会，向社会各界通报主人进入社会较高层次，以吸引各界人士对自己的关注。

关于剪彩习俗的起源，有一种说法认为是起源于美国。在19世纪，美国的一个乡间小镇上，一家商店即将开业。店主为了阻止顾客在正式营业前闯入店内，将一条布带子拴在门框上。

店主的小女儿无意中将布带子碰落在地，人们误以为这是开张志喜的“新把戏”，于是一拥而入。店主认为好运是由这条布带子带来的，后来在他旗下的几家“连锁店”陆续开业时，也如法炮制，逐渐发展成剪彩仪式。此后，凡新店铺开张、新工厂开业，或新建筑落成等都会举行一个特殊的仪式，用彩带将店门或建筑物围住，然后邀请一位德高望重的人士来剪断彩带，象征着新的开始和好运。后来这种形式逐渐传播到其他国家和地区，有一首竹枝词《观开业剪彩》这样描述：“开张之喜新事添，彩带飘扬店门前。剪刀轻落彩绸断，宏图大展在眼前。”其实，“剪彩”在我国也不是一个新词，清人朱士彦的《安宜冬日竹枝词》记载：“剪彩句芒结束新，官厨唤取踏歌人。春锣春鼓喧喧闹，处处村亭唱早春。”晚清张春华《沪城岁事衢歌》也记载：“春到花朝碧染丛，枝梢剪彩袅东风，蒸霞五色飞晴坞，画阁开尊助赏红。”当然这里的“剪彩”说的是“合邑赏红”，也包含了喜庆吉祥的情感寄托。

驶向海洋展国威

——船舰下水

船舰建造成功，一般也会举办一个隆重的下水典礼。我们不妨以江南造船所1920年建造的“官府号”轮下水典礼为例。“官府号”是江南造船所为美国建造的万吨级运输舰之一。1918年至1921年间，江南造船所接受美国订货，为其制造4艘万吨级运输舰，包括“官府号”“天朝号”“东方号”和“震旦号”。这四艘远洋巨轮是中国以第一次世界大战协约国“战友”身份，为美国运输部建造的，供美方用于“一战”紧张的大西洋货运。这些运输舰，均是全遮蔽甲板、蒸汽机型货轮，技术指标要求很严格。“官府号”等系列运输舰的建造，是中国造船业的重要里程碑，标志着中国制造能力的显著提升。

美国人怎么会给中国人送来“造船大单”呢？这主要是1914年，

▲ 早期“渤海”号轮船下水

▲ 1920 年 6 月 3 日，上海江南造船所为“MANDARIN”号商船举行下水典礼

第一次世界大战爆发，参战方是德国、奥匈帝国和意大利组成的同盟国，与英法俄组成的协约国，最后卷入战争的一共有33个国家。1917年，美国和中国向德国宣战，加入协约国。当时，由于德国潜艇对大西洋的封锁，协约国远洋货运损失惨重，急需大量远洋货轮补充，美国运输部通过驻华公使找到江南造船所，称美方需订购四艘万吨轮，催促国内赶紧安排筹备绘图事宜。国际大单找上门来，江南造船所不敢怠慢，赶紧扩建工厂、建新船坞，加紧生产。

1918年7月10日，美国运输部代表美国政府与中华民国驻美公使顾维钧正式签订合同。合同规定，第一艘限期六个月交船，另三艘依次延后五个星期完工。到1919年1月，第一艘“官府号”开工时，一战已经结束了。美方要求保质保量，不再赶工期。“官府号”于1920年6月3日成功下水，成为中国第一艘出口的万吨级货轮。“官府号”的运载量为10 000吨，排水量为14 750吨，长130.76米，宽16.76米，型深11.57米，航速为12.09节。

1920年6月3日，举行下水典礼，黄浦江畔人声鼎沸，中外官员、各界宾客云集，场面盛大，北洋政府海军总长和美国公使夫妇也参加了此次典礼。“官府号”这个名字是由美国驻华公使夫人命名的。在船首架木为台，绕以万国之旗，由造船所负责人恭请美公使夫人行命名礼，致颂词并击碎船首所悬香槟酒瓶，水花四溅，欢呼雀跃，该舰遂缓缓驶入黄浦江中。“从前中国所需军舰与商船，多在美、英、日三国订造，今则情形一变，向之需求于人者今能供人之需求，中国工业史乃开一新纪元。”“官府号”下水后，经过试航，于1921年2月正式开往美国交船。其余3艘货轮，也分别于1921年5月和12月赴美交船。美国政府对其建造质量十分满意，认为“成绩优等，实驾乎旧有之舰之上”。美国领事克银汉发表演说，称“官府号”结束了“中国不能造大船”的历史。

万吨巨轮建造成功，江南造船所声名鹊起，订货猛增，船厂不断扩建，到1936年，建成当时堪称先进的“平海号”巡洋舰，舰长109.8米，宽11.9米，排水量2 400吨，主机功率7 427马力，航速25节。配制140毫米双联舰炮3座；80毫米高射炮3门；60毫米舰炮4门；533毫米双联鱼雷发射器两座，是中国海军第一舰队旗舰，在

▲ 长江客轮“天赐”号轮由上海中华造船厂承制，1931 年 10 月 20 日举行首航下水仪式

1937年9月扼守江阴水道阻止日本海军进犯发挥了重大作用。

从清末洋务运动起，中国开始引进西方的工业技术和设备，推动了造船业的工业化进程。民国时期，江南造船所积极学习和应用新技术，提高了船舶的建造水平和质量。中国与西方国家的交流和合作逐渐增多，江南造船所应美国政府要求，和美方签订了总价780万美元的订单，建造4艘排水量和载货量都在一万吨以上的运输舰，引来众多中外客商的修船、造船订单。1924年，不得不开工挖掘二号船坞。1912—1926年，江南造船所共建造船舶369艘，比起江南船坞时期的标准，大幅度提升，年产量甚至一度超过当时上海滩老牌的英商耶松船厂。

对于民国时期江南造船所制造的船舰下水，有《船舰下水》的竹枝词描述了当时的场景：“江南船舰欲下水，彩旗飘扬锣鼓催。众人欢呼齐助力，驶向海洋展国威。”这首竹枝词描绘了江南地区船舰下水时的热闹场景，彩旗飘扬，锣鼓喧天，人们欢呼雀跃，共同助力船舰驶向海洋，展现国家的威严和实力。

▲ 1931 年 6 月，“天赐”号轮举行首航暨下水仪式，船东与各界人士出席典礼

▲ 1943 年 10 月，根据《租借法案》，中国从美国获得的自由轮“孙逸仙号”下水典礼，由中国驻美大使魏明道夫人主持“掷瓶礼”仪式

▲ 20 世纪 20 年代，浙江杭州的一个河流旁，木船正沿着翻坝斜坡缓缓进入河道中

河工合龙庆功成

——河工合龙

清末至民国时期，江南地区的水利建设经历了从传统到现代的重要转型。这一转型过程中，地方水利事业的开展与政治局势之间的关系转复因应。江南地方精英在围绕水利事业中随时势转移而彰显出纷繁复杂的态势。地方士绅虽然极力希望借助现代化的外壳，在难以稳定的局势中，实现利益群体的格局转换，为自己建立一方立足之地，但当国家权力官僚化之后，新官僚机构下的政府利益群体开始控制地方公共事业的进程，传统士绅主导的地方治水模式演变成政府为主导、民间为辅的模式。

清末至民国时期，江苏常熟白茆河的疏浚工程，就是江南地区水利转型的一个重要案例。这一工程不仅涉及地方士绅和政府之间的互动，也反映了当时社会对水利工程的重视。常熟白茆塘，历来就是水利要冲，五代时期就在此设闸以御水害，以后历代皆在此建闸。清末民初社会动荡，原来所建之闸皆已毁弃，致使当地水涝灾害十分严重。1935年，国民政府决定在塘上建节制闸，水闸为钢筋水泥开敞式结构，总建筑经费高达26万余元，1936年7月竣工。白茆闸呈南北走向，宽43米，高约30米，通航净高3.7米，总共占地为70.5亩。闸分五孔，每孔闸门长37.3米，宽8米，升卧式木板闸门，手摇启闭机启闭。白茆闸通体白色，闸身雄伟高大，闸柱挺拔稳重，横梁雕有云纹，柱头处有斗拱状装饰物，远望犹如六根巨大的华表巍峨矗立在河面上，正面闸身上部正中央雕有“白茆闸”三个楷体大字。1937年秋日军全面侵华，白茆闸成为日军重要破坏目标。沦陷期间因管理不善，上下游皆被冲成深潭。直到抗战胜利后的1946年，民众以土袋填平深潭。1947年，由扬子水利委员会公务所承建的白茆闸修复工程竣工。

▲ 1907 年，上海土山湾印书馆刊印的《洋泾浜棹歌图》

▲ 1914 年填平前的洋泾浜河道明信片

常熟白茆河的疏浚工程在民国时期实施后，举行了盛大的庆典仪式。不仅是对水利工程完成的庆祝，也是地方社会团结和进步的展示。河工合龙庆典活动，通常包括祭祀、宴请、戏剧表演等，吸引了大量民众参与，增强了地方社会的凝聚力。渠堰放水仪式也是江南地区水利工程中的重要环节。在清末乃至民国时期，渠堰放水仪式通常伴随着隆重的庆典活动。这些活动不仅是对水利工程的庆祝，也是对自然和神灵的感恩。渠堰放水仪式上，地方官员和士绅会进行祭祀、祈祷，祈求水利工程顺利，保佑地方风调雨顺。

江南地区的河工合龙和渠堰放水仪式，都是水利工程庆典仪式，是当地社会生活中的重要组成部分，在河工合龙典礼上，地方官员发表演讲，赞扬工程的重要性和参与工程人员的努力。以示对水利工程的重视，强调工程的重要性和对民生的影响。合龙典礼一般还会举行祭祀仪式，以祈求神灵的保佑和工程的顺利进行。祭祀仪式上还有祭品、上香、敬酒等环节。当地民众也会积极参与河工合龙典礼，观看仪式、欢呼庆祝，表达对水利工程完工的喜悦之情。合龙典礼后，通常会举行庆祝活动，如宴会、表演等，这些活动旨在犒劳参与工程的人员，同时也让民众共同分享工程完工的喜悦。

▲ 20 世纪 30 年代，上海工人清理河床上的淤泥，疏浚河道

▲ 郎静山摄影作品：千年运河，吴门归棹

水患关系到民众的生死存亡，是最大的国计民生。江南地区的水灾治理是在宋代以后逐步产生并加强的，在这个过程中，对江南地区的地理与水文知识也需要一代接一代地传承积累，最后形成了治水与灌溉相结合的模式，既治涝，亦可防旱。富庶地区也是各种水神信仰盛行的地区，在复杂多元的水神体系中，既有金龙四大王、晏公、龙神等全国性水神，也有潮神、湖神、地方祈雨神等区域性水神。所以每一次河堤合龙典礼

上，官员和民众共同参与，举行水神祭祀仪式，许多地方志书都记载了江南地区水渠的放水典礼。典礼当天，在祭祀仪式后，工匠们打开闸门，放水流入农田。人们欢呼雀跃，庆祝水渠的开通。有佚名作《江南河工合龙》竹枝词云：“彩旗飘扬锣鼓鸣，河工合龙庆功成。堤防巩固民安乐，水利兴修福泽宏。”反映了当时社会对水利工程的重视，以及人们对改善生活条件的渴望。

血花溅作红心草

——尚红传统

中国红，又称为“朱红”或“大红”，在中国文化中具有深远的象征意义和历史渊源，中国红象征着喜庆、吉祥和好运。在中国传统各种庆典仪式和社会生活中如春节、婚礼、生日等，红色被广泛使用，各种开业喜庆的仪式都以这一抹红色来装饰环境、制作服装和礼品，以表达对幸福、繁荣和好运的祝愿。

在古代中国，一方面，红色也与权力和尊贵相关联。皇帝的服饰、宫殿的装饰以及官方文件的印章等，常常使用红色，以彰显皇权的威严和尊贵。另一方面，在民间信仰中，红色被认为具有驱邪避凶的作用。红色代表着生命力、活力和热情。它是一种能够激发人们情感和行动的颜色，常用于激励和鼓舞人心的场合。在重要的节庆活动中，人们会挂红灯笼、贴红对联和红福字，以期避邪驱鬼，保护家庭平安。中国人仪式尚红的习俗渊源，可以

▲ 1891 年 6 月辛卯天中节，吴友如绘《艳竞榴红》，彩色石印画

追溯到古代的祭祀文化和图腾崇拜。在古代，红色被认为是太阳和火的象征，与生命和温暖相关联，因此在祭祀活动中占有重要地位。在现代，中国红也被视为国家的象征之一。中国的国旗、国徽等国家标志中都使用了红色，以表达国家的统一、尊严和力量。

▲ 1904年春节，一位富家小千金坐在椅子上，双手拿着长辈给的红包

花篮上飘拂着的缎带，大都是一抹中国红，在中国人心目中，红色意味着吉祥。逢年过节要张贴大红对联，嫁女娶妇要披红挂彩，生了孩子要送红喜蛋，送贺礼要有红纸包裹，开张奠基要剪红绸缎。总之，一切表示喜庆、吉祥的场合，都离不开红色。民国时期弘一法师李叔同作《满江红》词云："魂魄化成精卫鸟，血花溅作红心草。"写得慷慨悲壮，真情流露，直抒胸臆。

历史上，中国人的色彩风俗，相继使用的颜色是黑、白、土红和赭石色，而红色是最早的"流行色"。到奴隶制社会，青、赤、白、黑、黄，被认为是代表东、南、西、北、中和木、火、金、水、土的五方正色。封建时代，黄色标志着神圣、权威、庄严，是智慧和文明的象征，成为皇帝的专用色彩。我国夏朝流行黑色，殷商时期流行白色，周朝流行红色，并给了红色正统地位。到了汉朝，汉高祖称自己是"赤帝之子"。赤，就是红色。汉朝以后，我国各地崇尚红色的风俗习惯已基本趋向一致，并一直沿袭了下来。

经过千百年的演进，中国红在中国人心目中产生了深入人心的影响。尚红习俗的演变，记载着中国人的心路历程，经过世代承启、沉淀、深化和扬弃，传统精髓逐渐嬗变为中国文化的底色，弥漫着浓得化不开的积极入世情结，象征着热忱、奋进、团结的民族品格。中国红吸纳了像朝阳一般最富生命力的元素，采撷了晚霞最绚丽迷人的光芒，蒸腾着熊熊烈火的极温，凝聚着血液最浓稠活跃的成分，糅进了相思豆般最细腻的情感，浸染了枫叶最浓烈的晚秋意象……中国红意味着平安、喜庆、福禄、康寿、尊贵、和谐、团圆、成功、忠诚、勇敢、兴旺、浪漫、性感、热烈、浓郁、委婉，意味着百事顺遂、祛病

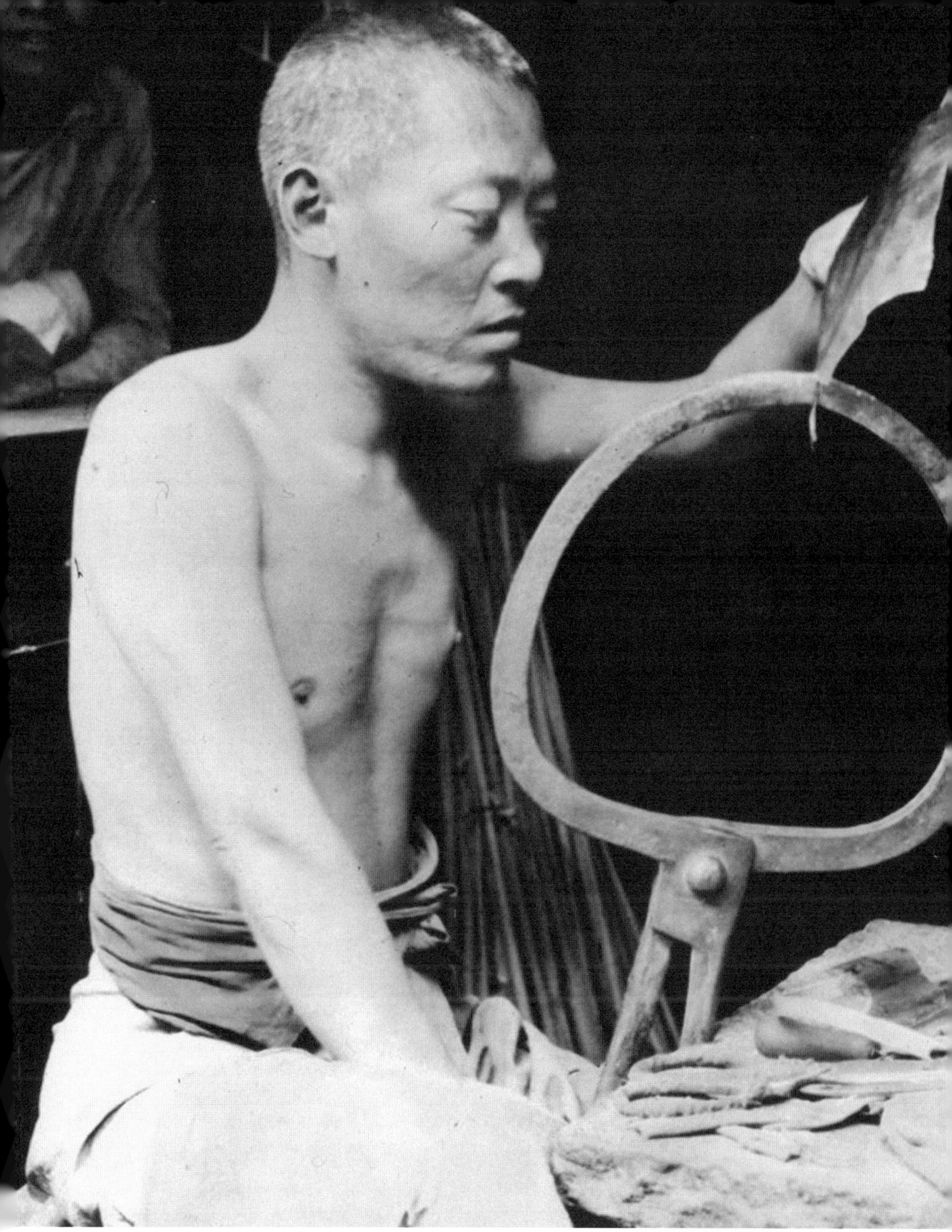

▲ 民国初年杭州制作大红灯笼的手艺人

除灾、逢凶化吉、弃恶扬善……中国红氤氲着古色古香的秦汉气息，延续着盛世气派的唐宋遗风，沿袭着灿烂辉煌的魏晋脉络，流转着独领风骚的元明清神韵。中国红以其丰富的文化内涵，盘成一个错综复杂的中国结，高度概括着龙的传人生生不息的历史。

▲ 20 世纪 30 年代，一对农民夫妇送子当兵，戴大红花

▲ 20 世纪 40 年代江苏徐州的一位老母亲送子参军，母子都戴着大红花

从朱门红墙到红木箱柜，从孩子的贴身肚兜到以中国红为主题的婚礼，从本命年的腰带、佩玉的流苏到寿星的寿服寿桃，从添丁进口时门楣上挂的红布条到孩子满月时做的“满月圆”，从舞龙灯的绣球到锣鼓唢呐的饰物，从深闺女儿的红头绳、香囊到扭秧歌的舞绸，从开张大吉的剪彩到恭贺新禧的贺卡，从铭刻着权力的印泥到记录着功勋的锦旗，从过年过节悬挂的灯笼到家家户户张贴的春联、倒福和窗花，从“压肚腰”的压岁红包到除旧迎新的爆竹，从闻名遐迩的“红、绿、黄”唐三彩到景德镇最负盛名的“祭红”瓷……中国红就这样以农耕文化为依托，以家族意识为核心，经过多少代潜移默化的熏陶，深深地嵌入了中国人的灵魂，成为当之无愧的安身立命的护身符，镇守着儒释道三教合一的理想疆土。

中国红是最富生命力的中华元素。

第五章

家庭结构与家风家教

中国家庭制度以西周时代开启的宗法伦理为基因，在三千年间随社会变迁不断重构形态，但其重视血缘、伦理与代际责任的核心特质贯穿始终。直至清末开始受到西方文化的强烈冲击，新文化运动对传统家庭制度的深刻批判，才使原有的家庭、家族的结构开始出现了急剧变化。五口通商后，各种新思想的输入及传播，逐渐改变中国人的固有伦理观念，农业社会逐渐向工业社会转变，社会交往的范围扩大，女子就业机会增加。城市化进程中，个人的职业和生活方式逐渐与大家庭分离，导致家庭结构趋于核心化，大家族的影响力趋于淡化。

上海作为远东重要的经济中心，生活成本相对较高。为了适应城市生活节奏和经济压力，人们开始接受和采纳西方的家庭观念，文化观念的转变促使家庭结构逐渐变小。社会阶层分化明显，不同阶层的家庭有着不同的居住和生活方式。中产阶级和上层社会更倾向于小家庭结构，而底层社会因为经济条件限制而居住在拥挤的环境中，尤其是在城市中心区域，有限的居住空间迫使家庭结构适应更小的规模。民国时期婚姻观念逐渐现代化，年轻人更倾向于晚婚或选择不结婚，这也影响了家庭结构的规模。

总之，社会经济、文化观念、居住条件等多方面因素的综合作用，导致家庭结构趋小。对中国传统家庭文化的基础产生动摇，对家庭结构和传统家庭文化产生了显著的影响。家庭结构的缩小，传统的大家庭、大家族结构，如联合家庭和扩展家庭，开始向核心家庭转变。家教和家风也经历了快速的流变，传统的家教方式和家风传承面临着新的挑战，本质上是中国文化面对现代性挑战的自我更新。

西方文化的传入，特别是个人主义和平等观念的普及，对中国传统的家庭观念和家庭结构产生了冲击，民国时期的教育改革，推动了新思想的传播，影响了家庭教育的内容和方法，促进了家庭文化的变化。女性在家庭中的地位开始提升，她们在家庭决策和家庭文化传承中的作用变得更加重要。家庭开始承担更多的社会化功能，如教育和职业发展，而不仅仅是传统的生育和养老。家庭关系趋向平等化和民主化，年轻一代在家庭中的声音和影响力增强。

▲ 1925 年 3 月，四位青年男女在上海邑庙游玩时合影

重男轻女之习成

——女性地位

家庭是建立在婚姻和血缘关系基础上的亲密合作、共同生活的小型群体，是适应人类自身生产的需要而出现的社会生活组织形式。到清末民初，随着新思想的普及，家庭结构开始转型，更趋小型化。婚姻关系开始强调情感基础、自由结合，女性在家庭中的地位有所提高，家庭中的人际关系也趋向平等，分家时子女平等享有继承权，谋生渠道多样化，等等。巴金小说《家》就阐发了这样的主题：封建家长以旧式家庭的教育及伦理观念操控家庭和整个家族，不肯轻易退出历史舞台，还野蛮地统治居于其间的子孙们；同时也以年轻一代的爱

情故事为情节发展的主干，主张自由恋爱观念，更号召青年反抗封建专制，投入社会革命的洪流。

1898年8月27日，王春林在《女学报》上发表了《男女平等论》，控诉了中国几千年来男尊女卑，压迫、歧视、残害妇女和在社会、家庭、婚姻等各方面的男女不平等现象。王春林认为男女是平等的，“鸟有雌雄，兽有牝牡，人有男女无不各具阴阳之理”，既然男女无所谓尊卑贵贱，男女天然就应该平等。可是“重男轻女之习成”，“于是男有权而女无权。天下之事，皆出于男子所欲为，而绝无顾忌；天下之女，一皆听命于男，而不敢与校”。追根溯源，是封建礼教在作怪。这是中国女子以女性的身份发表的要求男女平等的文章，反映了她们平等意识的觉醒，标志着中国妇女运动的开端，对中国近代女权思想的形成起到了重要作用。

▲ 20 世纪 30 年代，上海四位电影演员的合影。优雅与精致女性的并排站立，如同解构着传统的性别秩序

在封建社会的桎梏下，由于妇女缺乏独立的经济地位，也就没有独立的社会地位，女子要想生存下去，只有嫁人，并依靠这个男人维持自己的生活，所谓“嫁汉嫁汉，穿衣吃饭”，意思是女人嫁给男人，主要是为了有一个生活依靠。女人只能依附于男人，唯一的希望就是在家里，为男人干家务，生孩子，同时，也接受男人给予的物质生活。

▲ 20 世纪 40 年代的农家女子形象

家庭是社会的基本单位，也是社会的缩影，它为人们提供社会生活的最基本环境，如果家庭的存在和发展是健康的、稳定

▲ 1936 年，一位身穿工装裤的女士

▲ 20 世纪 40 年代上海街头一位手提着乐器的女子，步伐自信、气质优雅

的，首先是女子地位的成立和提高，方能对社会生活和经济发展起到促进和稳定作用。如果女子没有社会地位，要讲究平等就是空话了，男女不平等家庭的存在，社会的发展就不可能稳定。民国成立标志着从封建帝制向共和制的转变，结束了几千年的君主专制，开启了政治现代化的尝试。但那个时期，又是中国历史上一个充满变革和动荡的时期，五四运动和新文化运动带来了民主、科学、平等等新思想的传播，西方文化与传统文化相互碰撞，新旧观念在各个领域展开对话，而对话的症结还是涉及女子经济地位和社会地位。

民国时期的家庭，在婚配方面，女性的婚龄逐步提高，原来一夫多妻较多的情况开始向一夫一妻制过渡。在生育方面，婴儿的出生率很高，但小孩子也特别容易夭折，活下来不容易。母亲经历着生育之痛，沿袭了数千年的旧观念无处不在，力量强大。即使生活在大城市，女子与家庭之间的合理定位，始终是一个难以处理的棘手难题。在家庭中，女性往往要同时扮演母亲、女儿、妻子等身份；在社会上，女性则同男性一样有着对于实现人生价值的强烈渴望。

女性与家庭间的关系在那个年代也呈现出两难的悖论：一部分女性为谋生而不得不放弃家庭身份，如上海写字间里的一批知识女性；而在生产流水线上的女工们，为了完成繁重的工作任务，又不得不远离家乡，与家庭作出别离；还有许多女性虽能置身家庭，但又失去了追求人生价值的机会。当然委身豪门的女子，有强大的财富与社会势力罩着，可能会实现家庭身份与社会身份的平衡。但此种平衡离开了财富的支撑和丈夫的支持，恐怕也是镜中月、水中花。像一代才女林徽因“一身诗意千寻瀑，万古人间四月天”；名动上海滩，不染烟火气的传奇作家张爱玲……都是文人扯出来的谈资，其实她们内心身为女子而产生的酸楚，也是难以为外人道的。纵观整个民国，女性地位问题始终没有得到很好的解决。真实的民国，只是极少数精英阶层的盛世，对大多数普通人来说，真的只是乱世而已。

悲欢离合总无情

——家室之累

自古以来，贵族或官员纳妾现象很是普遍，但也不是任性胡来，需适应社会环境，一般规制，还得有身份要求，家财的承受能力。汉代以后一般的士大夫、平民都只有一个正妻，叫“正室”，同时可拥有多个妾，唐代叫“置别宅妇”。元代规定庶人不得纳妾，得到皇上恩准的除外，明代算是弄出了法律依据，《大明律》明确将“无子”作为男性纳妾的理由：“庶人，必年四十以上无子，方许奏选一妾”……无论怎么看，都是实际上的男女不平等，将多妻变成了男子的特权。中国在相当长时间内法律准许的都是一夫一妻制，但同时又允许男子纳妾，妾算不上妻。妻和妾的差别很大，娶妻是要遵循聘礼的，而妾则不能行婚姻之礼，是买来的。妾也不能称男方为夫，而要称老爷，是把男方视为家长的。婚姻之外为什么在制度层面上允许纳妾呢？主要还是传统儒家“不孝有三，无后为大”的理念作怪，要传宗接代

▲ 晚清时期一个家庭妻妾同堂的场景，展现了当时独特的家庭结构与传统服饰风貌

▲ 清末一户人家的女眷合影。这三位妇女中，中间那位是妻子，两旁的是妾

▲ 清末的这个男子娶了一妻一妾

啊！从现代进化生物学的角度看，人类基因最大的偏好本来就是繁衍自身，只不过儒家伦理将这种偏好发扬光大到近乎变态的程度而已。

民国时期虽然法律上逐渐趋向禁止纳妾，但实际上由于传统观念的根深蒂固、社会环境的复杂性以及法律执行的不彻底，纳妾现象依然存在。在中国传统文化中，多妻制度长期存在，许多家庭尤其是富裕家庭和官僚权贵家庭，依然保持着纳妾的传统。在某些地区和社交圈中，甚至被视为地位和财富的象征，这种习俗在民国时期依然存续。辛亥革命后，特别是新文化运动后，女权兴起，提倡男女平等，一夫一妻制才实行起来，并被写进了婚姻法，这是中国婚姻制度史上的一大进步。但是北洋政府《暂行新刑律补充条例》第12条仍明确承认妾的存在："凡以永续同居，为家族一员之意思，与其家长发生夫妇类同之关系者，均可成立。法律不限何种方式。”民国时期的社会结构中，男性仍然占据主导地位，一些男性可能出于各种原因继续纳妾。注重文明风尚、男女平等的诸多社会名流，如康有为、梁启超、唐绍仪、严复、马寅初等也大多纳妾蓄妾，有的甚至有过之而无不及；军界、商界名流纳妾蓄妾之风更炽，如袁世凯就有一妻九妾，人称其“多妻妾之奉，生子几十人”。

▲ 清朝“一妻一夫多妾制”，男子除正妻外可纳多个妾室。这位王爷与其妻妾合影，反映了当时社会家庭结构风貌

▲ 晚清时期家庭妻妾同堂场景，展现当时独特的家庭结构与特点

尽管民国婚姻立法的目的是在保护一夫一妻制，但是在实际司法操作中却变成了“娶妾并非婚姻，自无所谓重婚。”“妾虽为现民法所不规定，惟妾与家长既以永久公共生活为目的，同居一家，依民法第一一二三第三项之规定，应视为家属”。民国时期的婚姻立法对社会上普遍存在的纳妾蓄妾问题视而不见，只不过限定了几个条件，即：原配至四十岁无出者，父母、原配都同意，在警察所注册备案；一些家庭可能出于继承和生育的考虑而纳妾，尤其是在正妻无法生育的情况下。在民国时代，“一夫一妻制”实际上名存实亡，民国男人纳妾相当自由，甚至比古代男子还要多。

民国时期，虽然社会风气已有很大变化，但纳妾这一旧习依旧存在，辜鸿铭主张男人纳妾，他的理由是男人好比茶壶，女人好比茶杯，一把茶壶配几只茶杯是很自然的事。这个说法立刻受到当时许多北大教授的反击，许多有识之士认为“纳妾”和“吸鸦片”“缠足”一样，都是中国落后的一种象征，中国要跻身现代文明国家行列，要符合世界发展潮流的趋势，这种“一夫一妻多妾”的陋习，必须取消。民国时期的军阀和政治人物中，有些人拥有多位姨太太，这种现象在当时社会中较为普遍。其实说白了，姨太太就是妾，不同的是，民国时的“妾”不叫妾，而变成了男人的“家属”，对外则统一体面地称为“姨太太”。因此，在有权势男人的共同努力下，民国的“一夫一妻制”不但名存实亡，反而还出现了一次“姨太太”高潮。

据说，四川军阀杨森妻妾成群。某次，蒋介石去成都，暂居杨森的府邸，看到杨公馆中粉白黛绿，来来往往满是长相不俗的妇女，大为惊奇。蒋介石由此对杨森另眼相看。妻妾成群也是一种家室之累啊！真是应了宋人蒋捷的《虞美人 · 听雨》：“悲欢离合总无情，一任阶前，点滴到天明。”

一家欢笑在南池

——四代同堂

清末民国之前，崇尚“四世同堂”式大家庭及多子多福的观念，江南地区的四代同堂家庭结构较为常见，这主要是因为当时的社会非常重视家庭的延续和传承，四代同堂被视为家族兴旺的象征。许多家庭努力维持着几代人共同生活的局面，以体现家族的兴旺和繁荣。在四代同堂的家庭中，家族规矩通常较为严格。以血缘亲疏为纽带建立起来的家庭，特别强调家族中的长幼尊卑，并奉行长子继承制。再加上农业社会对壮丁的大量需求而产生的大家庭、多子多福观念，共同构成了中国传统的家庭观念。长辈们拥有较高的权威，年轻一代需要尊重和服从长辈的教导。家庭中的礼仪和传统也得到了重视，例如春节、清明节等重要节日的庆祝活动。唐代诗人李郢《南池》诗云：“小男供饵妇搓丝，溢榼香醪倒接䍦。日出两竿鱼正食，一家欢笑在南池。”这是一个大家庭全家人其乐融融的生活景象，一家人郊游旅行，欢欢喜喜在南池垂钓。岁月静好，真是最好的时光。后人编出了许多有关孝道的故事，如清代苏南曾经有一姓吴的人家，出了四对孝子孝妇，四家天天与父母聚餐，儿孙齐集一堂，敬听训教。兄弟们还争相给老人零用钱花。两位老人受到儿子和媳妇无微不至的照顾，都活到了一百多岁。

在追求“四世同堂”的大家庭秩序之下，整体的社会文化和个体的社会行动均以先祖的荣耀为核心。先祖创立的基业和家业不可撼动，祖宗定下的规矩不可动摇，这种深层观念与生活形塑了诸多人格类型，也奠定了社会基本结构。长时间处于农业社会的中国，一直以人丁多少作为衡量家庭兴衰的重要标准，这导致中国社会对分家一事一直深恶痛绝，将其视作儿孙“不孝”的表现。但维持四代同堂的家庭结构需要一定的经济基础，家族中的长辈通常会掌控家庭的财产和经济事务，以确保家庭的稳定和发展。年轻一代则需要通过努力工作来为家庭做出贡献。

▲ 晚清朝廷重臣李鸿章的三代同堂家庭照，体现了当时家族聚居、重视家族传承延续的社会特征

▲ 清末一个家族四世同堂合影。家庭人口较多，仅入镜者就有 28 人，儿孙满堂

教育在这样的家庭中也被视为重要事务。长辈们会注重培养年轻一代的品德和知识，鼓励他们接受良好的教育，以期望他们能够有出息，为家族争光。在四代同堂的家庭中，婚姻往往不仅仅是两个人的事情，而是涉及整个家族的利益。家族长辈可能会参与到年轻一代的婚姻决策中，考虑门当户对、家族背景等因素。尽管四代同堂的家庭有着浓厚的亲情和传统价值观，但也难免会出现家庭冲突。不同代际之间的观念差异、经济利益分配等问题都可能会引发矛盾和纷争。

家庭是经由婚姻、血缘或收养关系所组成的社会生活的基本单位，通常由父母和他们的孩子所组成。家庭是一个与祖辈相联系的系统，孩子通常是家庭系统

▲ 清末一户大家庭的全家福，有 20 口人，其中小孩子有 10 个，可谓子孙兴旺

的成员，家庭承载着远祖系统的血缘、历史、文化、灵魂和模式，既是生命代代相传的结果，又是把生命延续下去的原因，所以那些四世同堂的传统大家庭通常由多代人组成，家庭成员之间关系密切，共同生活和劳作。家庭结构以父系为主，强调家族的延续和传承。

在西方观念进入中国之后，洋务运动时期，中国社会即出现了对传统家庭制度的批判，当时为数不少的留学生在见识到西方社会的小家庭制度后，开始主张以核心小家庭取代“四世同堂”式大家庭。民国以后，随着五四新文化运动的出现，中国原有的家庭结构和家庭理念面临着巨大的冲击，20世纪20年代的中国社会更是出现了一股强烈的家庭革命浪潮，越来越多的青年选择“走出家庭”，奔向社会。越来越多的青年人不愿再生活在大家庭中，而是以夫妻子女组成的小家庭作为理想的家庭状态。随着社会的发展和现代化的进程，一些家庭逐渐向小型化、核心化的方向转变。进入民国之后，随着社会的变迁，核心家庭逐渐增多，一般由父母和子女组成，规模较小，更加注重家庭成员之间的平等和独立，这个过程恰恰是农业社会的崩塌与现代社会家庭制度的兴起，工业需要大规模的生产，需要城市化，而城市化需要构建陌生人社会，一个人到了城市，不再依靠以血缘为关系的纽带，而更加重视其职业能力，在这个过程中，以血缘亲情大宗族的生活模式被击碎，就是再正常不过的事情了。

▲ 民国时期的一夫多妻家庭

▲ 民国初年一户人家几代同堂的全家福

人人反说好姻缘

——夫妇同心

《礼记·内则》云：“礼，始于谨夫妇，为宫室，辨内外。”男女结合，有了夫妻关系，组成家庭，生儿育女，才出现父子、兄弟的关系。家庭稳固了，社会才能稳定。家庭里先形成一整套人际关系的行为规范，然后扩大到社会上，用家庭里这套准则去规范社会上的人际关系，这是儒家的一贯主张。民俗学家研究原始社会时，往往抓住婚姻制度作为突破口，可见婚姻对社会发展的重要意义，将婚姻制度的建立和变革看成礼仪的渊源，不无道理。

婚姻的真正意义，是两颗心完全融合在一起，完成生命的创造。这就引出了中国古代一对男女从相恋到走进婚姻的殿堂，都有定情的信物。“何以结同心？素缕连双针”。“结”是一个被赋予太多美好色彩的汉字。从远古到今天，它始终渗透在人们的生活和情感里。同心结也一直是古人表达情感的信物。表达一种“执子之手，与子偕老”的信念。

▲ 中国卫生防疫、检疫事业创始人伍连德博士与妻子合影

▲ 民国时期的沈从文与张兆和合影

在漫长的演变过程中，多愁善感的人们对婚姻赋予了各种情感愿望。托结寓意，在汉语中，许多具有向心性聚体的要事几乎都用“结”字作喻，如结义、结社、结拜、结盟、团结等。而男女之间的婚姻大事，也均以“结”表达，如结亲、结发、结婚、结合等。结是事物的开始，有始就有终，于是便有了“结果”“结局”“结束”。“同心结”自古以来就成为男女间表达海誓山盟的爱情信物，又如“绣带合欢结，锦衣连理文”，结饰已被民间公认为是表达情感的定情之物。而“结发夫妻”也源于古人洞房花烛之夜，男女双方各取一撮长发相结以誓爱情永恒的行为，有诗云“交丝结龙凤，镂彩结云霞。一寸同心缕，百年长命花”，就是生动的描写。

民国中有这么一批名人志士，他们有的金戈铁马；有的坐拥书城，登台论战；有的埋头著述，心怀志远。但他们心底最温柔的地方，始终为一个人保留，演绎着十分动人的爱情故事。那个时代的人，凡是喝过洋墨水或富贵显达者，纷纷主张“没有爱情的婚姻是不道德的”之新观念，抛弃包办婚姻与糟糠之妻，一时间竟成了一种时尚与潮流，但作为新文化运动旗手的胡適却是一个例外。1917年，胡適在安徽

▲ 20 世纪 30 年代上海一对受过良好教育的知识男女组成家庭

绩溪迎娶“小脚夫人”江冬秀，消息一出，当即震惊了当时北京的文化界。他们的婚姻是包办的，胡適也抗拒过，不过他很快就妥协了，并与江冬秀越过越和睦。胡適对自己的婚姻也曾经疑虑过、矛盾过，但终因“不忍伤几个人的心”“我深深懂得旧式婚姻中女性的地位”而没有推翻婚事，没有追赶潮流。胡適是学富五车的大才子，而江冬秀是有点粗鄙的朴实村妇，大字不认得几个，但正是这样一个简单而执着的女人，才赢得了胡先生的爱和尊重，永远也离不开她。也正是因为这种不离不弃的坚守，胡適才赢得了人们对他的尊重和敬佩，被称为“君子”。

▲ 1937 年冬，上海已沦为孤岛，国难当头时的一户普通家庭

▲ 20 世纪 40 年代上海西式小洋房前一对夫妇的合影，男子手牵儿子，标准三口之家

再说赵元任，字宜重，原籍江苏武进，清朝著名历史学家和诗人赵翼后人，是现代著名学者、语言学家和音乐家。杨步伟，中国第一位留学日本的女医学博士，才华横溢，个性坚强。赵元任、杨步伟结合，堪称现代最美满的婚姻，人称“神仙伴侣”，胡適赞扬他们夫妇的结合“是一对为人所羡慕的佳偶”。1920年，赵元任从美国哈佛大学获哲学博士学位回到清华大学任教，经友人介绍认识了出身皖南名门望族的杨步伟女士。赵元任在众多的追求者中慧眼识金，一眼认定了大他3岁的杨步伟，他非常敬佩这位女医生的才能和魄力，1921年有情人终成眷属。他们的结婚，是民国时期“文明结婚”的范例。1921年6月1日赵元任与杨步伟的婚礼，在当时注重奢华的婚礼排场的社会风气下，以一场“无仪式结婚”的

形式，展示了对传统的颠覆与尊重。这对夫妇互敬互爱，相互扶持，患难与共，携手走过了一生，直到金婚时，杨步伟写了一首打油诗：“吵吵争争五十年，人人反说好姻缘。元任欠我今生业，颠倒阴阳再团圆。”真正有缘分的两个人，即使跨越山海，总会相遇的，经历人生的种种磨难，最终相濡以沫，相伴一生，风雨同行。

萧飒江淮尚转蓬

——父慈子孝

世界上有一种爱，沉默无言，却如大海般深沉而宽广，它就是父爱。世界上有一个人，用他瘦弱但坚强的臂膀撑起了一个家的圆满，他就是父亲。1917年，现代作家朱自清离开南京去北京上学，他的父亲送他到浦口火车站，照料他上车，给他买橘子，而朱自清印象最深刻的是父亲替他买橘子时在月台攀上爬下时的背影……他以此写下了现代文学史上的散文名篇《背影》，这是一篇感动无数人的散文。朱自清的父亲代表了千千万万个不善言辞的朴素而深厚的父亲的形象。

▲ 晚清大户人家男子与儿子合影

《三字经》里有一句“养不教，父之过”。意思是说，仅仅是供养儿女吃穿，而不好好教育，是父亲的过错。家庭是人生路上的第一所学校，父亲是孩子的第一任老师。一个优秀的父亲能为孩子的成长带来无限的正能量，是孩子成长道路上的路标，为孩子提供正确的价值观和人生导向。父亲的言行举止，往往在

▲ 清光绪年间吴中名门望族贝氏，父亲贝皖生与其子贝晋眉（左一）贝季眉（右一）的合影

子女身上产生潜移默化的作用。孩子身上总刻着父母性情的烙印，他们对家长的一言一行、一举一动都看在眼里，记在心里，不断模仿。

记得多年之前，电视台介绍过浙江某地的一个父亲把自己的6个孩子中的5个培养成了赴美留学的博士，培养成5个博士固然难得，但更不容易的应该是让孩子懂得做人，做一个道德高尚、心态良好、意志坚强、自强自立的人，这才是最难的。正如古语所云："父爱则母静，母静则子安，子安则家和，家和万事兴。父和则母慈，母慈则子孝，子孝则家齐，家齐国家治。父懒则母苦，母苦则子惧，子惧则家衰。"民国时期江南有太多父慈子孝的故事，守正规直千秋颂，清廉家风代代传。不论时代发生多大变化，不论生活格局发生多大变化，注重家庭、注重家教，用言传和身教，帮助孩子扣好人生的第一粒扣子，迈好人生的第一个台阶，是做父亲的天职。

▲ 1945 年抗日战争结束后，流落上海街头的难民父子

什么是父亲的慈爱？其实就是长辈对晚辈的温和与关爱。爱是接纳，而慈就是滋生于心而已，孝敬父母，一定是从心里面愿意接纳父母开始，所以无心难成慈，百爱慈最深。老子曰：一曰慈，二曰俭，三曰不敢为天下先，此为吾之三宝。将慈放在第一位，就是做父亲要学会外刚而内柔，在外显示出来的气质是担当，是勇敢，是原则，而内却拥有着宽阔的胸怀和包容的大度。民国时期江南，没有不知道大才子、大商人张謇（1853—1926）的，张謇，江苏南通人，清光绪二十年（1894）状元，著名的"江苏五才子"之首。民国元年（1912），起草清帝退位诏书，南京临时政府成立后，任实业总长；同年，改任北洋政府农商总长兼全国水利总长。1915年，因不满袁世凯接受日本提出的"二十一条"愤然辞职。开始"实业救国"和"教育救国"的征程，在江南与全国兴办了许多实业与学校，一生创办了20多家企业，370多所学校，为中国近代民族工业的兴起、教育事业的

▲ 1946 年 10 月，陈斐章与两个儿子在中山陵草坪合影。陈斐章曾任南京国际安全区总部拉贝的助手

▲ 1949 年上海一位父亲逗不乐他儿子的小“扑克牌脸”

发展做出了宝贵贡献。《张謇全集》中有他述说平生的《还家》诗：“关河苦说太匆匆，萧飒江淮尚转蓬。但使有田供抱犊，谁能计岁蹋飞鸿。六年冰雪还家梦，千里帆幢落木风。丹嶂黄泥前约在，分明惭愧此山中。”一生事业，一生奋斗，爬山涉水，万里征途不停息。

张謇为争取民族独立、国家富强，无论从政、从商还是在社会上、家族里，始终秉持勤政廉政的作风，他治家更是父慈子孝的典范。清咸丰三年（1853）海门大旱且有蝗灾，稻米奇缺、奇贵，张謇父母只吃半饱，省下食物救济他人，希望“救一人是一人，救一刻是一刻”。父亲张彭年还训导张謇兄弟不可吝啬，接济贫困，这种思想影响了张謇一生，张謇曾言“愿成一分一毫有用之事，不愿居八命九命可耻之官”。在《家诫》中，张謇从修养身心、学问做人、处世原则等方面对子孙进行了训诫，“何以立品？不说谎，不骄，不惰，不自放纵任性而已”，“儿经今年之阅历，当悟人生信用”。由此可见，张謇对于“信用”二字，是最为看重的。张謇的家训对其子孙后代影响深远。张孝若在他所写的父亲传记中将《家诫》的主旨概括为8个字，即“安贫乐道、独立自重”。这或许就是张謇的后辈对其悉心经营的家诫家训最好的注脚。

须知慈母是先生

——母教风范

鲁迅曾说：“童年的情形，便是将来的命运。”人的一生，小时候受到的教育是个关键，母亲的行为举止、道德品质，很容易在子女心灵上留下深刻的烙印，逐步形成善与恶、真与假、好与坏、是与非的最初概念。民国四大高僧之一的印光法师曾经在《新编全本印光法师文钞》卷二写道："国之荒乱，由乏贤人，其源由家无善教而始。而家庭之教，母教更为要紧，故教女比教子关系更大也。有贤女，则有贤妻贤母矣。人少（年少时）有贤母，长有贤妻，欲不为贤人，不可得也（都不可能啊）！此正本清源图太平之良策也。愿阁下于提倡佛学时，谆谆以此告之，庶佛法世间法皆振兴也。"母亲是孩子的第一任教师，母教是人生第一本教科书。

人们常说，历史与文化的积淀对人的性格影响甚为关键。一个地区的历史进程和文化氛围对人们的性格具有潜移默化的影响。一方水土养一方人，"水土"就是风吹雨打、日积月累的地域文化。然而，好地域，还是离不开好母亲，看中华民族几千年的文明史，几乎每一个有成就的人，都有一位有见识、有美德、伟大的母亲。母亲是家庭的核心，母教决定家教，家风影响世风，所以古人又说："母教为天下太平之源。"

自古以来，母教一直是儒家文化伦理传统中的一个信条。自古江南才女云集，现代藏书家胡文楷《历代妇女著作考》记载的4 200多位清朝女诗人中，江南才女占到七成之多。江南杏花烟雨、小桥流水、粉墙黛瓦，那些至今犹存的古镇，青石铺就的古街上，总能看到一些古藤攀援、青苔铺地的老宅深院，历经岁月风霜的侵蚀，却依旧闪亮于历史的长廊，这些便是当年的书香世家、缙绅望族，从这里走出的许多江南才子，文坛巨擘，科技俊彦以及清官廉吏，如星辰一般璀璨地闪烁在历史的星空。一个优秀的母亲，一定会给孩子最好的教育。

明末清初出现了以女性教育为主的"闺塾师"。高彦颐称："来自女性教育的不断增长和被接受程度，至明末清初时，已出现了一个清晰可见的拥有文学和传统教育的闺秀群体。"知识女性群体的壮大，使女性在家风培育中发挥的作用越来越重要。袁枚《随园诗话》中记一次他在杭州置酒，招女眷游西湖，有才女名瑶英写诗辞谢云："呼女窗前看刺

▲ 晚清上海的一位母亲行走中背着她的儿子

▲ 清末的这位江南女子戴抹额、穿袄裙，装束传统，但没有缠足，与儿子的合影

▲ 1912—1923 年间，一位年轻的妈妈与女儿的合影，只是瞬间女儿却闭着眼睛

凤，课儿灯下学涂鸦。韶光一刻难虚掷，那有闲看湖上花？”王次山题钱古亭《夜纺授经图》一诗云：“辛勤篝火夜灯明，绕膝书声和纺声。手执女工听句读，须知慈母是先生。”为我们呈现了一幅十分温馨的“慈母课儿图”。

“耕读传家”“诗礼传家”的匾额背后，都有一个个贤良母亲的辛劳，也揭示了支撑家族绵延发展的真谛所在，而流传甚广的“世上几百年旧家无非积德，天下第一件好事还是读书”的楹联，正是这些家族能够繁盛不衰最大的秘诀。读书最大的益处是教人正心修德，“尊师重道以培书香，持廉立节以敦品行”，以确保家族后代不出庸才，不走歪路。正是读书让人有根基，有定力，官场上有淡泊之守，纷纭境界具镇定之操。蔡元培在《传略》里写道：“我母亲是精明而又慈爱的，我所受的母教比父教多，因为父亲去世时，我年纪还小。”1879年，当蔡元培11岁时，父亲蔡光普因病去世，母亲周氏谢绝了亲戚朋友的资助，以一人之力撑起全家，拼尽全力抚养诸子，每当夜幕降临，母亲就点起油灯，让蔡元培和两个哥哥围桌而坐，开始夜课，夜课时间一过，周氏便督促孩子们睡觉，清晨又叫他们起

▲ 1948 年，上海嘉定某户家庭主妇与儿子合影

▲ 20 世纪 30 年代上海一个母亲与子女的合影

床：“快起来了，晚睡不如早起。”几十年后，蔡元培回忆少年生活，仍觉得母亲的教育让他受益匪浅，“晚睡不如早起”的生活习惯也陪伴了他一生。母亲的教诲影响了蔡元培的一生，他在其著作《中国人的修养》中指出，决定孩子一生的不是学习成绩，而是健全的人格修养。

19世纪后半期，在西学东渐思潮的引导下，传统的知识价值观逐步动摇，科举逐渐被新式教育取代，江南家族的女子都积极寻求新的文化资源，仍然在教子方面扮演着“严父”和“名师”的角色，传道授业，参与公共事务，追求她们的“诗和远方”。

自信老兄怜弱弟

——兄友弟恭

对于兄弟手足之恩，《诗经》有云：凡今之人，莫如兄弟。说起兄弟之情，不妨先从苏州大名鼎鼎的双塔说起——

苏州罗汉院双塔位于苏州市姑苏区凤凰街定慧寺巷。唐代时在此设般若院，五代吴越时改称罗汉院。北宋太平兴国七年（982），王文罕、王文华兄弟捐资重修殿宇，并增建两座砖塔，一座叫舍利塔，另一座叫功德塔，建筑形式一模一样，因此又叫“兄弟塔”，苏州人也称之为“姑嫂塔”。王文罕、王文华兄弟的建塔之举，在当时属于一种常见的慈善行为，也是表达对佛教的虔诚。舍利塔通常用来存放佛教圣物，如佛舍利（佛的遗物或遗骨），而功德塔则是为了纪念特定的功德或善行。王氏兄弟建这两座塔，不仅体现了他们对佛教的支持和信仰，也展现了两人深厚的兄弟情谊，以及他们对家乡和社会的贡献。双塔不仅是佛教信仰的象征，也是中国古代建筑艺术的杰作，为后世留下了宝贵的文化遗产。双塔作为苏州的历史文化象征，至今仍然吸引着众多游客和学者前往参观和研究。

▲ 清末大户人家兄弟俩合影，衣着光鲜，气宇轩昂

亲情，是人类最重要的情感之一。父慈子孝、兄友弟恭，一直是人们最美好的愿望。历史上，有两人称得上是兄友弟恭的典范，他们就是苏轼与苏辙。他们不仅是兄弟，更是师友。苏轼曾说苏辙“岂是贤兄弟，更是良友生”，苏辙也称夸苏轼“自信老兄怜弱弟，岂关天下少良朋”。两人都是神采飘逸，文采飞扬。熙宁九年（1076）冬，苏轼得到移知河中府的命令，离开密州南下。次年春，苏辙从京师来迎接苏轼，兄弟一同赶赴京师。不久，苏轼又改命知徐州，苏辙一直跟着哥哥来到徐州任所，住到中秋以后才离开。苏轼不消说，诗、文称绝一时，开创了豪放一派；苏辙的诗词亦是意境闲澹，文有“一唱三叹”之声。公元1097年，苏轼时年六十。又是一个中秋节，不可避免地思念起苏辙了。此时他们连遭打击，苏轼被贬儋州，苏辙被贬雷州。在前往被贬处所的路途中，他们一起盘桓了几个月，度过了他们

▲ 1902 年，兄弟俩在影楼合影

人生中最后的相处时光。弟弟刚刚离开，哥哥就又忍不住想他了。去年不能一起赏月，谁知今年一起赏月了，反而更加希望长长久久在一起！1101年，苏轼去世，享年64岁。苏轼临去世前，为见不到苏辙而“大憾大恸”，非常伤心，非常难过；苏辙接到噩耗，则“号乎不闻，泣血于地”，伤心得直接吐了血，可见两兄弟情深之至。

清末民国时期，江南地区的一些家庭注重“兄友弟恭”的家风，“兄友弟恭”出自宋人邵雍《君子饮酒吟》：“父慈子孝，兄友弟

▲ 20 世纪 30 年代上海一户人家的兄弟姐妹合影，排列很有意思

▲ 20 世纪 30 年代一户普通人家的哥哥姐姐带着自己的弟弟妹妹在闲逛

▲ 1942 年上海兆丰花园（今中山公园），兄弟姐妹共九人合影留念

恭。家给人足，时和岁丰。筋骸康健，里闬乐从。君子饮酒，其乐无穷。”中国老话说“兄弟同心，其利断金”，也说“打虎亲兄弟，上阵父子兵”，即只要兄弟同心同德，便能发挥出如利刃一般斩钉截铁的力量，无往而不胜。兄弟如手足，同是父母的血脉，同是父母基因遗传，同一家庭成长，同是父母的希望。同样的亲情同一个根。被钱权利色毁灭的手足情虽是极个别现象，不可不引以为戒。兄弟情深，手足之恩。曾国藩在家书中说：“兄弟和，虽穷氓小户必兴；兄弟不和，虽世家宦族必败”，若做不到“兄友弟恭”，则必定家庭不睦，甚至家无宁日。

江南人家强调“耕读传家”的风气，首先是守护祖先的香火。远离故土的居所都只能算是一时的栖身之地。祖先坟墓、家族祠堂所在地才是身心的归宿和灵魂的寄托，才是真正的家。乡村精英的回归，启动了传统人才培育与输出的良性循环：以“耕”养生保家，以“读”立身报国，功成名就，再回归故里。如此代代相循，实现了城与乡、家与国的有序互动。“耕读传家”也有利于淬炼子孙心性，虽然读书是所有子弟的义务，但天资有异，勤惰不一，不可能所有子孙都走科举一途。南宋倪思建议：父祖辈一定要为子孙规划资身、养家之术。有才能的就修习举业，博取青紫；下一等的，就让经商谋生；再下一等的，就选择务农养家。明清之际大名士傅山家里两个儿子天资都不错。傅山告诫俩兄弟：你俩就是傅家的读书种子了。你们只管读书，其他任何事都不用参与，省得扰乱读书的心志。称“种子”很有意思，说明可以岁岁播种，代代结果，世泽绵绵，永享福禄。

须把乾坤力挽回

——姐妹亲情

姐妹，通常是一个家庭的姐姐和妹妹；也是年辈相当的女性的通称。人从一出生，就被浓浓人情所包围。父母的疼爱之情，兄弟姐妹的亲情，邻里朋友的关心之情，同学之间的友爱之情，同事间的共事之情，等等。

民国时期的姐妹之情，首屈一指的当是宋氏三姐妹的故事，也是中国近现代史上一个引人注目的话题。宋氏家族底蕴深厚，起源于我国南宋时期的世家大族。到了近现代，宋家在政治、经济、文化等领域均有着重要地位。在这样的家族背景下，宋家三姐妹成长于一个充满亲情、友情与正向竞争的环境。她们从小接受良好的教育，培养了独立、自信的品质。在家族内部，她们之间有着深厚的亲情，互相扶持，共同成长。宋庆龄、宋霭龄和宋美龄不仅以其个人魅力和才华著称，更因为她们的婚姻选择，与民国时期的重要政治人物紧密相连，影响了中国的政治和社会进程。宋霭龄嫁给了孔祥熙，他是民国时期的银行家和政治家，曾任国民政府财政部长和行政院长；宋庆龄与孙中山结婚，孙中山是辛亥革命的领

▲ 民国初年穿童装合影的三姐妹，脸上保留着儿童的天真和稚气

导者和中华民国的国父，对中国近现代史产生了深远的影响；宋美龄成为蒋介石的妻子，蒋介石是民国时期重要的军事和政治领导人。宋氏三姐妹的婚姻选择使她们的个人命运与国家的政治命运紧密相连，她们在不同程度上参与了民国时期的政治活动。

宋氏三姐妹是一种类型，更有一种舍生拼命的革命姐妹花，近现代史上的“女界三杰”，“鉴湖女侠”秋瑾和她的两个学生尹锐志和尹维俊。秋瑾是反清女革命家，她写的《黄海舟中日人索句并见日俄战争地图》诗：“万里乘风去复来，只身东海挟春雷。忍看图画移颜色，肯使江山付劫灰。浊酒不销忧国泪，救时应仗出群才。拼将十万头颅血，须把乾坤力挽回”，写出了女侠的壮志豪情，表示不惜牺牲生命，誓将用鲜血拯救祖国的决心，一腔豪气喷薄而出，丝毫不见女儿态。

而秋瑾的这两个学生，是浙江嵊县人。姐姐尹锐志于1891年出生，比妹妹尹维俊年长4岁，母亲过早病亡，她们从小拜山西太原府总教习李德源为师，学练武当派太和门功夫，尤以特绝秘技“五毒手”功夫见长，运用暗器和脱手飞弹，一招制敌，被秋瑾发展为光复会会员。入会第二年，为反抗包办婚姻离家出走，姐妹俩来到绍兴，进明道女学堂读书，被派到上海光复会秘密联络机关锐俊学

▲ 晚清一户家庭的三姐妹合影

▲ 20 世纪 30 年代上海的梁氏四姐妹，是一时的电影明星姐妹

▲ 20 世纪 40 年代的五姐妹合影，旁边还蹲着一只小狗

社工作。徐锡麟、秋瑾皖浙举义失败以后，尹锐志也被通缉，于是流亡上海，以卖报为掩护。清末，以暗杀满族权贵和地方大员来推动革命，曾风行一时。光复会也将暗杀作为推动革命的手段。

1911年12月25日下午4点，孙中山在上海哈同花园与各界人士会面。宴会结束后看演出，演出进入高潮时，台上的一个武打演员展示了“绝活”动作，引得全场喝彩。就在此时，尹锐志突然拔出手枪，将舞台上的两盏大吊灯击灭。尹维俊也飞身蹿上舞台，甩出暗器，脱手飞弹，打中了那个演员的双眼，擒获了这个企图行刺孙中山的杀手。1912年1月2日下午，孙中山在南京夫子庙内向市民发表演讲时，有三个来自广东的刺客也混入了人群中。被尹锐志、尹维俊姐妹使出武当太和门绝秘技一招制敌，轻松生擒刺客。当时陆军部部长黄兴得知此事后，高兴地称赞尹氏姐妹为“革命女侠，民国功臣”，姐妹俩被南京临时政府委以重用。

▲ 20 世纪 30 年代合肥张家是近代史上的名门贵族，四姐妹分别嫁给了社会名流，成为一时佳话

亲姐妹血浓于水，父母不在了，兄弟姐妹便是至亲。除了姐妹，民间还把姐妹们的丈夫俗称为“一担挑”，而书面语言则雅称为“连襟”。这个称谓最早见于唐代大诗人杜甫《赠李十五丈别》诗：“孤陋忝末亲，等级敢比肩。人生意颇合，相与襟袂连。”襟是衣襟，袂是衣袖。用以形容彼此关系像衣服的襟与袖一样密切。把“连襟”一词移用于姐妹丈夫间的称谓的人，是北宋末年的洪迈，他写过“襟袂相连，夙愧末亲之孤陋；云泥悬望，分无通贵之哀怜”的句子，“襟袂相连”，就是用来形容姐妹的丈夫之间的密切关系。后来，人们又将“襟袂相连”简化为“连襟”，成为姐妹丈夫间的专用称谓了。

祖孙相伴乐融融

——祖孙之间

祖孙之间的关系，是家庭伦理学的话题。一对夫妻，组成的家庭，随着家庭成员的不断增加，就会衍生出纵横交错的家庭关系网络。在古代，血缘关系是中国古代宗法制度的纽带，宗族组织作为一种直接构建于家庭之上的社会组织，家庭形成的各种关系，如婚姻、血缘、收养、过继以及由此而形成的继嗣关系，在一定程度上决定了宗族组织的构成及演变趋势。聚族而居是一个起点，由此展开中国家庭结构的文化要素，即以血缘关系为中心的家族体系，姻缘关系服从于血缘关系。家庭成员的地位在血缘关系寻找，具体可分为血缘九族制和血亲五服制。孝祭规定五服以内是近亲，五服以外是同宗。

人的本质属性是社会性。这种社会性最初表现为家庭性，即人是属于家庭的，来自父母，生活于家庭，从家庭起步开启社会化进程。即使是长大成人，结婚成家，或是退休养老，家庭都一直是人生的归属，是一生赖以生存的基本组织和精神家园。所谓“家庭伦理”，据说在上古的尧舜时期逐渐成型，具体说就是“五典”，即父义、母慈、兄友、弟恭、子孝。可以分别用“义”“慈”“友”“恭”“孝”五个字来表达。“五典”是中华民族家庭伦理规范的源头和基础，具有开创性、奠基性意义。

从“五典”出发，就形成了家庭伦理中的许多关系，如夫妻关系是家庭诞生后最早出现的一对家人关系，也是最为持久、最为重要的

▲ 1877 年，温州的一对爷孙在外国记者要求下于院墙前留影

▲ 晚清时期，江南一位长者与其留长辫的孙子的合影

家人关系，居于家庭诸多关系的核心地位。为此，夫妇之间都要十分珍惜彼此之间的感情和缘分，努力维护和经营好自己的婚姻。其次是亲子关系，包括父子与母子关系，是家人关系的重心所在，且具有不可选择性和永久性。祖孙关系，包括祖父母与孙子孙女的关系和外祖父母与外孙的关系。这对关系也是我们民族非常重视的一种亲缘关系。

民国之前，呈“大家庭”聚居，有四世同堂、五世同堂，祖孙关系就很突出。三国两晋时期的文学家李密做《陈情表》云：“臣密言：臣以险衅，夙遭闵凶。生孩六月，慈父见背；行年四岁，舅夺母志。祖母刘悯臣孤弱，躬亲抚养。”这就是隔代抚养，在现代人看来是一种不太健康的教养方式，它是指成年子女因为各种原因无法照顾自己的孩子，从而交给祖父母或外祖父母代为照顾孙辈。当一个人做了爷爷有了孙儿辈之后，对待孙子的感情和儿子就大不一样。老人们常常带着孙子玩，陪孩子到处跑，或者教孩子读书，生活中各种各样的宠爱甚至溺爱，深远的期待与关照都会给到这个年纪尚幼的孩子身上。

为什么中国人会有独特的“隔代亲”现象呢？也有文化上的原因。《礼记·曲礼篇》中有一段话：“礼曰：‘君子抱孙不抱子。’此言孙可以为王父尸，子不可以为父尸。为君尸者，大夫士见之，则下之。君知所以为尸者，则自下之，尸必式。乘必以几。”这说的是过去一种祭祀仪式叫尸祭。在这样的行祭活动中，孙可以充当祖父之“尸”，如果孙的年纪小就要由人抱着充当被祭的尸，而子却不可以充当。蔚为传统，积习深重，改就难了。1934年，大实业家荣德生60岁寿庆时，他将亲朋好友送的现金悉数拨入“千桥会”，在家乡无锡五里湖上架大桥。大桥全长375米，宽5.6米，共60孔，桥下

▲ 晚清时期，一位盲人老妇与其孙子的合影

▲ 20 世纪 40 年代上海的一对祖孙俩，他们都各自抱着一只鸭子

▲ 20 世纪 20 年代，苏南地区一老人抱着孙子

可通行轮船，为江南第一大桥。当年农历二月十七破土，到八月十一竣工。60年后他的孙子荣智健，又独立捐资3 000万元，在老桥东侧10米处再建新桥，双桥落成后，取唐代大诗人李白“两水夹明镜，双桥落彩虹”的诗意，人们将荣家祖孙所建的新老两桥合称“宝界双虹”，也是祖孙情感的连接。有竹枝词云：“江南人家重亲情，祖孙相伴乐融融。祖父教诲传道义，孙儿聪颖学有成。”这首竹枝词描绘了江南家庭中祖孙之间的温馨场景。隔辈亲，是爱的延续，是亲情的桥梁，更是家庭温暖的永恒旋律。

在这份特殊的情感中，它跨越了时间和代际，永远熠熠生辉。在江南许多家庭中，祖父或外公关心孙儿的成长，将自己的人生经验传授给他们；孙儿或外孙儿则聪明伶俐，勤奋好学，这种祖孙之间的情感纽带和教育传承，体现了江南地区传统家庭文化的特点。

第六章

中西杂糅的婚姻形态

清末民初，江南地区的婚姻形态处于本土传统与西方文化交融的过渡阶段，呈现出多种元素杂糅的特点。大城市更容易接触和接受西方文化与观念，而偏远农村社会经济发展相对滞后，与外部世界的交流有限，传统的经济模式和生活方式变化较小，因此仍延续着传统的婚俗习惯。

江南水乡地区传统文化根基深厚，“十里红妆”等传统婚俗经过长期传承已深入人心，成为当地民众坚守的文化传统和身份认同的重要标志。江南农村家族和社群联系紧密，传统婚俗被视为维护家族荣誉和社群团结的重要方式，受到家族长辈和社群舆论的约束，难以轻易改变。

近世以来，中国社会经历了巨大的变革，包括政治制度的改革、经济结构的调整和思想文化的革新。这些变革促使人们对传统的婚姻制度进行反思，使更多的人接受了现代知识和思想，妇女地位逐渐提高，开始追求自身的权利和自由，包括婚姻自主的权利。妇女解放运动为婚姻形态的变化提供了重要的社会动力。

城市成为新思想和新文化的传播中心，城市中的人们更容易接触和接受新的婚姻形态，城市生活方式也为新婚姻模式的实践提供了条件。媒体和文学的影响也不容忽视，报纸、杂志、小说等媒体和文学作品传播了新的婚姻观念和故事，引导人们对婚姻有了新的认识和期待。民国政府为适应社会变化对婚姻法律进行适度的修订和改革，为婚姻形态的转变提供了法律保障。

自由婚恋观念逐渐兴起，年轻人开始追求基于爱情的自主选择伴侣。文明结婚成为一种新兴的时尚形式，摒弃了一些烦琐的旧俗，强调婚姻的平等和自由。婚约订立在一定程度上仍遵循传统，但受到西方观念影响，其约束性有所减弱；“十里红妆”作为传统的奢华陪嫁形式，依然存在；证书誓词成为婚姻的重要组成部分，象征着双方的承诺和责任。西式婚礼的元素如新娘捧花被引入，为婚礼增添了浪漫色彩。

集团婚礼则是受到西方集体活动形式的启发，具有节约和现代的特点。异国婚恋也开始出现，反映了当时中外交流的增加和思想的开放。

▲ 新式结婚的重点在简化婚礼过程，对新人所穿礼服并不限中西，只求心仪，不求形式，此成为清末民初年轻人结婚的重要特色

妾在船头偷看郎

——婚约订立

传统的古人相亲，遵循“父母之命，媒妁之言”，如果“不待父母之命，媒妁之言，钻穴隙相窥，逾墙相从，则父母国人皆贱之”。《仪礼 · 士昏礼》规定，媒聘婚必须经过六道程序，古称六礼。唐宋以前，婚姻嫁娶一般要经过纳采、问名、纳吉、纳征、请期、亲迎等环节，其实宋代之后，六礼已经减半，婚礼形式已经大大简化，就剩下纳采、纳币、亲迎了。但“父母之命、媒妁之言”还是如同一块沉重的巨石，压得人喘不过气来，南宋吴自牧撰《梦粱录》记载：“男家择日备酒礼诣女家，或借园圃，或湖舫内，两亲相见，谓之相亲。男以酒四杯，女则添备两杯，此礼取男强女弱之意。”吴自牧第一次将“两亲相见”写在自己的著述里，说的是男子带着礼品到女方家里，或在园圃里，或在湖上，双方见面。在觥筹交错、酒酣耳热的背景下，男女青年就这样决定了自己一生的终身大事。

吴自牧所记南宋时代两亲相见的“相亲”场面实际上打破了古人“婚前不见面”的传统，事实上，古代的青年男女借助于传统节日，创造了许多“相亲”的场面，这也就是被当今许多人所传颂的古代“情人节”。一般说来，古代“情人节”大致有三个重要的节点，即元宵节、上巳节和七夕节，从而成为难得的几个固定日子。除却与这几个传统节日有关的相亲节日，封建社会还因科举考试派生出一个相亲的日子，这就是“同年大会”，也叫“新科状元”相亲节，专门为古代权贵们挑选女婿而设立。每到这天，城里的达官贵人家养在深闺人未识的待嫁美女便倾城出动，去寻找自己心目中的如意郎君，可每年的新科“进士”毕竟数量有限，资源稀缺，一些权势显赫的权贵，干脆直接命令家丁们去抢女婿，也演绎了不少人间悲喜剧。由于“同年大会”具有相亲的意味，于是，古代“金榜题名”和“洞房花烛”总是密不可分，延续了一千多年，直至晚清欧风美雨东来，这种相亲、抢亲的流俗才逐渐式微。

▲ 清代民俗画：媒婆

晚清和北洋政府时期，实行聘娶婚制，成为当时唯一的合法婚制。民国建立后，北洋政府承袭晚清法制，同样实行“结婚须由父母允许”的包办强迫的聘娶婚制，但毕竟时代不同了，也出现了些许松动，《中华民国民律草案·亲属编》第1341条规定：“如果当事人不愿结婚而父母强迫的，则婚姻无效。”1930年12月政府公布的《中华民国民法》（第四编·亲属编）在一些条款上体现了婚姻契约的原则，其中第972条规定，“婚约，应由男女当事人自行订定”，肯定了男女双方可以自主决定婚姻的权利，但又拖了一个尾巴。第974条规定，“未成年之男女，订立婚约，应得法定代理人之同意”，由于其专门针对未成年男女，与原有的父母包办婚姻还是有一定区别的。

聘娶婚制男方要花费大笔资财，一般穷苦百姓难以承担，所以在晚清至民国年间，已经流行数百年的典雇妻女陋习仍难绝迹，政府虽颁法令禁止，但收效甚微。在江南一带农村，男女婚约的订立，还得有“议婚”与“合婚”的过程，所谓“议婚”，就是遇到合适的结婚对象，托媒人把礼物送到女方家中，就是俗话说的说媒与提亲；所谓

▲ 江南地区旧式传统的洞房花烛

“合婚”相对比较麻烦，在男方求婚征得初步意向后，要预测评估这桩婚事的前景，男方向女方要庚帖，俗称“讨八字”，女方家长接纳提亲后，会将女方的生辰八字交给媒人，媒人则会将女方的生辰八字、名字、籍贯及三代资料等写在红纸上，交给男家以占卜吉凶，此举称为“换庚帖”。接下来，就要请算命先生来推算男女双方的年庚八字有无相冲相克，预测这桩婚事的八字流年、生肖属相，所以，那些神神叨叨的算命先生和易学大师对婚事就有很大的话语权了，亲事成与不成，全在先生的一句话。若是通过这一关，婚姻已有基础，男女双方家长商妥一切条件，男方依照议定条件，送聘礼（俗称定礼或茶礼）到女方家，双方交换订婚书帖，到这时婚约才算被承认。

明代沈周作《西湖竹枝词》：“妾在船头偷看郎，郎骑白马好风光。锦样荷花三十里，中间一对紫鸳鸯。”婚姻应该是两个意中人的双向奔赴，要是掺杂着交易或者别的图谋，也就谈不上什么纯洁和美好了。

▲ 这是一张郭良才和著名报人邵飘萍长女邵乃贤在邵公馆内温馨的瞬间。1932 年 2 月 14 日，两人发布订婚的“通告”

▲ 1925 年，顾祖同结识了新近回国任教的余谦六，双方一见倾心，遂订下终身，并于 1927 年 8 月 1 日在上海结为伉俪

▲ 20 世纪 30 年代，上海福州路近云南路口的结婚花轿

门当户对恰相当

——门当户对

“门当户对”一词始见于唐代《敦煌变文集·不知名变文》：“彼此赤身相奉侍，门当户对恰相当。”看来这种婚姻观念，还是从建筑学中延伸而来的呢。《说文解字》上说：“门，闻也，从二户；户，护也，半门曰户。”所以，“门当”与“户对”其实是古民居建筑中大门的组成部分。“门当”，原指大宅门前的一对石鼓，又叫抱鼓石，因鼓声宏阔威严，厉如雷霆，人们信其能避邪，故民间广泛用

石鼓代“门当”。“门当”的形状有圆形与方形之分，文官家宅用方形，武官府邸为圆形。“户对”，即置于门楣上或门楣双侧的砖雕、木雕，是将安装门扇上轴所用连楹固定在上槛的构件，取双数，故名“户对”。又因形似妇女头上的发簪，也称为“门簪”。雕刻图案多以四季花卉为主，也有写吉祥如意、福禄寿德、平安等吉祥文字，意在祈求人气旺盛、香火永续；而用砖雕刻而成的“户对”则位于门楣两侧，上面大多刻有以瑞兽珍禽为主题的图案。

▲“门当”使用石材制成，文官使用方形，武官使用圆形，而地位较低的普通百姓只能用木制门墩或长方形石块代替

根据中国古代传统建筑形制，大门前有门当的宅院必有户对，所以，“门当”“户对”常常被同呼并称。“门当”“户对”上往往雕刻有适合主人身份的图案，而且门当的大小、户对的多少又标志着宅第主人家财势的高低。所以，“门当”和“户对”除了有镇宅装饰的作用外，还是宅第主人身份、地位、家境的重要标志。随着儒家思想的发展和完善，“门当户对”逐渐从物质层面扩展到了精神层面，强调婚姻不仅仅是两个个体的结合，更是两个家庭乃至两个家族之间的联姻。

两千多年前的《诗经·召南·何彼襛矣》便是一首描述门当户对的爱情诗。这里所说的门当户对，不仅仅是家庭背景上的门当户对，还有思想和精神上的契合。“何彼襛矣，华如桃李？平王之孙，齐侯之子。其钓维何？维丝伊缗。齐侯之子，平王之孙。”怎么那样地秾丽绚烂？如同桃花李花般娇艳。什么东西钓鱼最方便？撮合丝绳麻绳成钓线。齐侯之子风度也翩翩，平王之孙容貌够娇艳。诗中“平王之孙，齐侯之子”点出了新郎新娘门当户对的身份，女方是周平王的孙女，男方是齐国诸侯的儿子。此诗既描述了婚礼的盛大场景，也体现了当时门当户对的婚姻观念。

古代婚姻的选择对象，特别是大户人家，一般都不会草率行事，终究要考虑诸多配置，比如是否符合门当户对、联姻策略、聘礼与嫁妆对等、男女双方的品貌等。古时婚姻讲究“门当户对”，是指男女双方的社会地位和经济情况相当，很适合结亲。“门当户对”的婚姻

▲ 1915 年上海一场西式婚礼上，新娘以及伴娘和友人。中国人婚礼原本忌讳白色的习俗已经被打破了

▲ 1932 年上海夫妻结婚现场，完全是传统中式的做派，这个家庭的生活还是很富足的

观念在一般情况下来说，确实也有它的合理性。古人认为，婚姻不仅是一个新家庭的建立，也是男女双方所承袭各自父母家庭的生活方式和文化理念，双方在一定程度上实现融合。夫妻好合的基础在于双方在价值观和生活习性、理念方面的一致或相近。只有价值观相同，有相近的生活习惯，对现实事物的看法相近，生活中才会有更多的共同语言，才会有共同的快乐，婚姻生活才会相对稳定；反之，很容易造成夫妻间的冲突。

民国时期婚姻中讲究“门当户对”，意味着男女双方家庭在经济状况、社会地位等外在物质条件方面较为匹配。例如，富商巨贾、达官贵人的子女通常会与具有相似家庭背景的人订婚或结婚。除了经济和社会地位的考量，文化和教育背景也受到一定重视，家庭总是会期望双方在学识、文化修养等方面相当，以保证有共同的话题和交流基础。当然部分婚姻是出于政治目的或家族利益的结合，如，袁世凯五子袁克权娶原两江总督端方的女儿；次女袁仲祯嫁给端方的侄子；六子袁克桓娶江苏巡抚陈启泰的独生女等，通过联姻来加强家族或政治势力之间的联系和合作等。

然而，民国时期也是中国社会变革的重要时期，新思潮的兴起使得一些人开始追求自由恋爱和婚姻自主，门当户对的观念逐渐受到挑战和冲

▲ 20 世纪 30 年代中期，在上海外滩 6 号渡轮甲板上举行的水上婚礼

击。特别是在一些大城市和知识分子群体中，人们更加注重个人感情和双方的内在素质是否契合，这也是民国时代较为普遍和流行的择偶考量。

鼓乐喧随花轿抬

——十里红妆

“十里红妆”是中国传统婚俗，主要流行于江南地区。相传这个婚俗的起源，与南宋皇帝赵构有关。南宋开国皇帝赵构被金兵追到宁波西乡，一位农家姑娘用箩筐将他罩起来使其脱险。赵构承诺日后报答救命之恩并以肚兜为凭。然而，后来赵构派人寻找恩人时，因无法判断哪家姑娘是真正的救命恩人，只好下旨“浙东女子尽封王”，女子出嫁时可享受公主的待遇，凤冠霞帔，嫁妆可以雕龙刻凤，这使得浙东的婚俗嫁妆日臻奢华。

江南地区经济富庶，为丰厚的嫁妆提供了物质基础。在古代，婚姻不仅是两个人的结合，更是两个家族的联姻。富家女子出嫁时，娘家准备大量嫁妆，一来显示家族的富有和地位；二来是希望女儿嫁得体面，到夫家后有一定的经济保障且不被欺负。社会观念和礼教的约束，使得她们较少有自主改变婚姻状况的机会。一旦出嫁，婚姻几乎决定了她们一生的命运。所以送嫁的红妆器物琳琅满目，婚后所需用品一应俱全，这反映了父母对女儿深深的关爱和牵挂。他们希望通过丰富的嫁妆，让女儿在夫家能够拥有一定的经济保障和生活品质，不至于因物质的匮乏而受苦。

运送嫁妆往往成为大户人家摆阔夸富的大游行，加之江南水乡水网纵横，新娘子有的要坐着摇橹船，慢慢摇到新郎家去。于是，“十里红妆”就变成浩浩荡荡的婚船船队，一担担梳妆、一杠杠嫁妆流光

▲ 大婚之际女方将嫁妆抬到夫家称为“送嫁妆”，图为民国初年江南大户人家运送嫁妆的队伍

溢彩。十里红妆中的嫁妆极为丰富，包含了众多物品。除了奴婢、仆人外，还有成箱的金银财宝、店铺和田契等。生活用品方面，新娘一辈子都穿不完的衣服、绸缎、布匹等一应俱全。

按照习俗，婚典前一天，女方要发嫁妆至夫家。在浙东地区流行着这样的歌谣：“金一杠，银一杠，橱柜箱罐锃光亮。千工床，万工轿，一路红嫁妆。”欢快的歌谣一出，将女子出阁的热闹场面很生动地展现出来。大户人家女儿出嫁的嫁妆中，种类繁多，包括大件家具如床、柜、橱、桌、椅等；小件的有桶、盘、篮、笼、盒等；还有女红用品、服饰、文房用品等，日常生活用品，几乎无所不包。当然，花轿是十里红妆中最重要的器物之一，它是新娘地位的直接体现，代表着明媒正娶。现藏于浙江省博物馆“十大镇馆之宝”之一的万工轿，它可以说是世上现存最华丽的一顶花轿。轿阁镂花精美、朱漆明艳，上面还有金箔贴花，光彩夺目。花轿上雕刻了400多个人物和无数花鸟虫兽，大抵都是由民间工匠的巧手打造而成。再如朱金木雕，在木雕上贴金漆朱的技艺，更是巧夺天工的民间精湛绝技。红妆家具造型流畅，其色彩之美、造型之美，彰显着柔美典雅的国风韵味，用色也是一抹“中国红”审美的延续，色如珊

▲ 宁波花轿“万工轿”，朱漆泥金似黄金宝龛，剔透玲珑，轿身圆雕浮雕精雕细刻极尽奢华

▲ 1905 年上海大户人家送嫁妆过四川路桥

瑚，辅以黄金点缀，把婚嫁器物的吉祥喜庆装点到了极致；比如红橱整体是方角柜，双门镶以两个半圆形铜制合页，拉开如弦月，合上如旭日，精巧中透着高雅。

因为“十里红妆”的习俗，在江南地区，尤其是浙东地区的婚嫁礼仪也变得更加讲究和严格，送嫁妆的队伍浩浩荡荡，延绵数里，场景壮观。朱红妆奁，绵延数里，这样闹猛的场景，在清代至民国时期的江南一带颇为寻常，当地人就将之称为“十里红妆”。当然，“十里”也不是一个实数，到了清末，只是富贵人家女子飞入寻常百姓家的婚嫁代名词。每一件妆奁上，精心刻绘的“和合二仙”等人物图案和龙凤、鸳鸯、龟鹤、喜鹊等吉祥纹样，传达着“妻子好合，如鼓瑟琴”“家和万事兴”的美好祝福。也是民俗文化中“和合”意蕴的生动体现，在家庭中追求和谐、崇尚和美、祈盼和顺，是贯穿在“十里红妆”婚俗文化中的绵长内涵。

▲ 20 世纪 20 年代喜轿和迎娶仪仗的情景。伞、扇、宫灯等都摆在木制红漆的仪仗架上展示

▲“过嫁妆”的队列绵延很长，故民间有“十里红妆”之说

关于婚礼的热闹场面，江南曾经有竹枝词云：“鼓乐喧随花轿抬，大门钱少莫教开。红灯火把拥归路，大担早挑望晕来。”成亲当日迎亲队伍要用花轿将新妇迎入门，但这一过程并不是那么容易的，新郎官要带足够的“喜钱”供宾客嬉闹，才能顺利地接走新娘。“红妆”的华美和“十里”的盛大相映成辉，成为一道风景线，展现了江南文化的富庶典雅。其中安放的是江南女儿的锦瑟年华，寄托的是天下父母对于新人生活和美的殷殷期望。

▲ 新郎通常会穿着长袍马褂，头戴瓜皮帽或礼帽，胸前佩戴大红花。而新娘则会穿着红色的嫁衣，如凤冠霞帔或大红袄裙等

青眼高歌俱未老

——合卺之礼

婚礼仪式的重点当然是拜堂，一拜天地，二拜高堂，夫妻对拜。这“三拜”强调对天地、对祖宗以及对新婚的承诺，可以看作一对新人的责任宣誓。同时，婚礼上还常常可以看到这样的场景：新郎新娘各端一酒杯，面对面站着，用拿酒的手臂相互交错套折，喝尽杯中

▲ 传统婚礼不允许新人穿着白色衣服，而在新潮流冲击下，民国时期婚服习俗有了新的突破

▲ 民国时期文明结婚的西式婚礼留影

酒。两人喝酒时，在场的人高声喊道：“喝口交杯盏，一辈子不翻脸。喝口交杯酒，偕老到白首。”

这种喝交杯酒的习俗，源自“合卺”之礼。卺是一种匏瓜，俗称苦葫芦，其味苦不可食。古籍记载：“合卺，破匏为之，以线连柄端，其制一同匏爵。”将一只卺破为两半，各盛酒于其间，新娘、新郎各饮一卺，象征经由婚礼将二人连成一体，分之则为二，合二则为一。饮了卺中苦酒，意味着婚后生活应该同甘共苦、喜忧与共。

匏还是古代八音乐器中的一种，含有音韵调和之意，故“合卺”又象征婚后应和睦协调，结为琴瑟之好。到南北朝时，行“合卺礼”又增加了在两个瓢把上连上丝带；喝酒后，将两个瓢扣在一起，用丝带缠绕，称“连卺以锁”。这样做的寓意是使两人拴在一起，永不分离。

关于“合卺”，古往今来流传着一个故事：相传，唐代士子韦固路过宋城（今河南商丘东南），遇到一位老人在月光下检阅书信，身边布袋里装满了彩丝线。韦固问询何故，老人答曰：“即使男女双方有深仇大恨，或分居天南海北，只要用此线将他们双足一系，便得结为姻缘。”由此，便产生了“千里姻缘一线牵”的俗语。到了宋代，“合卺礼”又有了新的发展：新娘新郎同饮之后，掷杯于床下，若两杯一仰一合，意味着天覆地载、阴阳和谐、大吉大利。至清末民初，交杯酒仪式发展成“合卺”“交杯”“攥金钱”三个部分。民国时期的婚仪中，“安杯于床下”之礼已革除，“攥金钱”常为“掷纸花”所代，唯交杯酒之礼不废。通过对仪节、饰容及举止等的种种规范，蕴含对新婚夫妇的美好祝愿，是因重视婚姻而体现的谨严之序，亦是尊卑合体下的亲亲之义。

随着历史的向前发展，“合卺”古礼仪式逐步在淡化，但一些基本内容依然传承下来。如吴地，包括苏州、上海等地一直流行在撒帐后用红绳拴连两只木酒杯、斟满两杯酒，新郎新娘各饮半杯，然后交换，一齐饮干，并将杯抛于婚床下。在江苏南京，由伴娘照顾新郎、新娘互饮交杯酒，然后把酒杯交换一次，再举杯互饮一次，以示夫妻恩爱。

传统婚庆的礼仪程序上，通常还会从男方亲属中选出一个儿女双全、福气好的中年妇女来主持。现在的人称其为“福娘”，民国时期还没有这种称呼，一般的叫法是“娶亲太太”。婚礼上，“娶亲太太”会给坐在床上的新郎、新娘喂几颗小汤圆，再斟上两盅酒，分别给他们各饮一口，后把这两盅酒混合，又分为两盅，取“我中有你，你中有我”之意。其寓意就是夫妇永结同心。这种心理暗示将长久影响一个新家庭的生活。

所谓“合卺”，反映了古代中国人的生活智慧。匏里的酒是烈的，匏的丝是苦的，喝过这杯交杯酒，意味着两个人不能轻易反悔；往后要彼此扶持、互相呵护、白头偕老。婚礼上的“交杯酒”喝完了，还会把葫芦瓢系在一起、挂在墙上，提醒新人在今后的生活中不要背信弃义，不要忘记结婚时的初心。清代词人纳兰性德有一首《金缕曲·赠梁汾》的词，其中写道：“青眼高歌俱未老，向尊前、拭尽英雄泪。君不见，月如水。共君此夜须沉醉……寻思起、从头翻悔。一日心期千劫在，后身缘恐结他生里，然诺重，君须记。”情长至天涯，不管世界怎样多变，诺言都是不变的。

▲ 20 世纪 30 年代的“文明结婚”西式婚纱照

▲ 20 世纪 40 年代的中式婚礼，新娘头戴红色花冠，手捧鲜花，新郎等男士们基本着中山装或制服

“仁义礼智信”，最后落在一个“信”字，所谓无信不立。“合卺”是婚俗中的核心符号，本质上折射出四种稳定的要素：一是生理的和谐，二是生活的安定，三是情感的稳定，四是内心的平静。如此则生活安定，内心平静，才会有婚姻的质量。稳定才能求繁荣，婚姻稳定恰好是社会稳定的基础与前提。无论时代如何变迁，人们内心深处对爱情的渴望、对婚姻的向往是不会改变的，人们希望拥有天长地久的爱情，期盼找到一个与自己携手一生的爱人。

恩爱夫妻彩线牵

——婚书誓词

现代人结婚，去民政部门登记，由民政部门统一颁发的结婚证书，其尺寸和材质都有严格的规定，设计简洁大方，通常为红色，上面印有国徽、“结婚证”字样等。古代也有类似文书，称为“婚帖”，民国时期称为“婚书”，一般为长方形，材质有纸质、绢质等。其文字多为手写，字体工整，常伴有吉祥图案和装饰。婚书用以记录和确认婚姻关系，民国时期的婚书在一定程度上继承了这一传统。

婚书在当时的社会环境中具有法律效力，作为明媒正娶的凭证，明确双方的婚姻关系，保障夫妻双方的权利和义务。当然，它也是一种社会文化的象征，代表着婚姻的庄重和正式，它承载着对新人的祝福和对婚姻美满的期望。

▲ 20 世纪 30 年代上海婚俗呈现新旧并存、中西结合的特点

▲ 民国时期上海一对新人结婚照

民国时期的婚书在形式和内容上受到了当时社会变革和新文化运动的影响，会体现出一些新的思想和观念，比如对爱情、平等、自由的追求等。婚书的设计和装饰也较为精美，体现了当时的文化和艺术风格，最常见的一种婚书是对折式，一般是红色，显得喜庆而端庄。也有把婚书内容页装在一个类似红色信封的外壳里，外壳上可能会有一些装饰图案，内容页可从外壳内抽出来，常见的装饰是流苏。当然也有卷轴式样的，古香古色，与中式婚礼的氛围非常契合。一些婚书帖上还会印有各种吉祥图案，如龙、凤、鸳鸯、麒麟、牡丹、莲花、“囍”字等，以及一些人物神祇，如和合二仙、送子娘娘等，以表达对新人婚姻美好的祝福。

还会有一些吉祥的祝福语和婚约条款。例如婚书上会出现这样的誓词：“两姓联姻，一堂缔约，良缘永结，匹配同称。看此日桃花灼灼，宜室宜家，卜他年瓜瓞绵绵，尔昌尔炽。谨以白头之约，书向鸿笺，好将红叶之盟，载明鸳谱。此证！”这段誓词中包含了多个寓意美好的爱情典故：“桃花灼灼，宜室宜家”出自《诗经·周南·桃夭》，形容在桃花盛开时，美丽的姑娘出嫁，家庭幸福、婚姻美满；“瓜瓞绵绵”出自《诗经·大雅·绵》，表示子孙昌盛；“红叶之盟”源于唐宋传奇小说《流红记》中的“红叶传情”典故，寓意佳偶天成、有情人终成眷属等。

“喜今日赤绳系定，珠联璧合。卜他年白头永偕，桂馥兰馨。此证！”“赤绳系定”表示姻缘天定；“珠联璧合”形容双方完美结合；“桂馥兰馨”寓意子孙优秀、品德美好。再如：“礼同掌判，合二姓以嘉姻，诗咏宜家，敦百年之静好，此证！”“礼同掌判”意味着婚姻如同掌管判断是非一样重要；“诗咏宜家”表示以诗歌赞美家庭和睦；“敦百年之静好”期望百年婚姻安稳美好。“从兹缔结良缘，订成佳偶，赤绳早系，白首永偕，花好月圆，欣燕尔之，将泳海枯石烂，指鸳侣而先盟，谨订此约。”体现了对婚姻长久、幸福美满的祝愿。“三生石上注良缘，恩爱夫妻彩线牵。海誓山盟皆缱绻，相亲相敬乐绵绵。”这些颂词，也可以视为誓词，表达了夫妻缘分天定、情意绵绵、相亲相敬的美好愿景……

婚书上的这些颂词或誓词，为婚姻注入了温馨浪漫美好的愿景，使一份法律文书有了温度。从形式上说，这些誓词或颂词，不仅寓意吉祥、古朴优雅，还表达了对新人美好婚姻生活的祝福，彰显了中国传统文化的魅力，使结婚证这一法律文书充满了浪漫与温情。同时，

▲ 1947 年在基督教堂的婚礼合影。新人身着西式婚礼服，手执卷扎好的结婚证，已成当时的“标配”

也有一些名人撰写了独特而动人的结婚誓词，例如张爱玲和胡兰成的结婚证书上写着：胡兰成与张爱玲签订终身，结为夫妇。张爱玲在最后加上了一句“愿现世安稳岁月静好”。陶行知先生成婚时的婚书上的誓词则是：“天也欢喜，地也欢喜，人也欢喜。欢喜我遇到了你，你也遇到了我。当时是你心里有了一个我，我心里也有了一个你。从今后是朝朝暮暮在一起，地久天长，同心比翼，相敬相爱相扶持，偶然发点小脾气也要规劝勉励，在工作中学习，在服务上努力，追求真理抗战到底，为着大我，忘却小己，直等到最后胜利再生一两个孩子，一半儿像我，一半儿像你。”这是一首诗，更是一份平凡而相守一生的爱情宣言。

▲ 20 世纪 40 年代新郎着中山装、新娘一袭西式婚纱，颈戴项链，手捧鲜花，是接受过新式教育的公职人员的婚礼

▲ 1948 年结婚证书，上海粹华卡片厂精制。男女当事人分别为浙江与江苏的一对新人

声声鼓乐韵铿锵

——文明结婚

清朝同治十一年三月二十三日（公历1872年4月30日），英国商人厄奈斯特·美查在上海创办了《申报》。《申报》在传播西式婚俗、抨击封建礼教方面，可以说站在最前列。1887年2月10日《申报》刊登《原俗》一文介绍西方婚俗：“西人婚姻必从男女之所自

愿，使男女先会面，若朋友然，往来数次，各相爱悦，然后告之父母，为之婚配。”随后，《点石斋画报》于1884年5月8日在上海创办，画报也以图文并茂的方式，经常介绍西方的婚俗，比如男女婚前要有社交活动，彼此了解，相互爱慕，再行婚礼；婚姻是男女双方的契约行为，等等，在中国青年受众中很有影响力。

1907年，上海中新书局出版了中国驻法二等参赞刘式训翻译的《泰西礼俗新编》，系统介绍了欧美婚礼礼俗，输入西方尊重女性独立人权的新观念。譬如，针对中国人寡妇守节、以再嫁为耻辱的陋俗，“泰西寡妇再嫁视为常事，皇家贵族往往有之，无以为可耻者”。西人男女在公开场合自由交往，每逢礼拜日，男女一道到教堂去做礼拜。这使当时恪守“男女授受不亲”封建道统的卫道士们大为惊愕，痛心疾首。《申报》有竹枝词嘲讽：“天主堂开法界中，七天礼拜闹丛丛。男和女杂混无耻，乱道耶稣救世功。”嘲讽归嘲讽，西方婚姻理念还是如涓涓细流一般，影响着社会大众。文明结婚成为一种进步与时尚的婚俗改良与升华。民国刘豁公作《上海竹枝词》有云：“声声鼓乐韵铿锵，之子盈盈入洞房。谁料双嫔人似玉，浓妆艳抹胜新娘。”作者有注曰：“文明结婚，例倩少女二人为嫔相，新娘举止彼实司之，一变相之伴娘也。在理，此项嫔相宜令长更事者为之，顾乃舍长取幼，被取者尤必浓妆艳抹，力求趋时，一若欲与新娘

▲ 民国在基督教堂里结婚的一对新婚夫妇

▲ 20世纪30年代上海西式婚礼，新郎新娘与伴郎伴娘以及牵纱提花篮的童子合影

▲ 上海举行西式婚礼的新郎新娘和男女傧相

较短长者。余诚不知其命意果何居也。”反映出当时婚礼中伴娘受重视，以及人们对装扮的用心。

青年男女追求个人的幸福和自主权利天经地义。青年人的婚姻注重对方身体健康状况和受教育程度的了解，杜绝近亲结婚的陋习，开始重视婚姻中的健康因素，对双方受教育水平的注重，也反映了社会的进步和对知识的尊重。在择偶时考虑对方的受教育程度，意味着希望找到能够在思想上交流、在生活中共同进步的伴侣，也为家庭的发展和子女的教育提供更好的条件。这就是西风东渐给上海及江南传统婚礼带来的新变化，它的直接结果就是自由恋爱、文明结婚等新气象的出现。

▲ 20 世纪 40 年代上海西式婚礼，除一对新人，还有伴娘、伴郎及两个伴童

▲ 新郎着西装、新娘一袭西式婚纱，20 世纪 40 年代普遍流行的西式婚礼照

在婚礼上，新郎穿着燕尾礼服，新娘则披白色婚纱礼服。新娘穿着白色婚纱，象征着贞洁和幸福。佩戴戒指的习俗也时兴起来，戒指通常戴在双方左手无名指上，象征着一对新人的正式结合。有需求就有市场，为此上海出现了专门为文明结婚服务的礼堂，老西门内关帝庙有个红木家具仓库，设置了一个西式婚礼的礼堂，专门为新人提供文明结婚服务，人称“红木大礼厅”。当时不少旅社、大饭店也都提供文明结婚服务。1927年12月1日蒋介石和宋美龄在上海举行婚礼。他们的婚礼上半场在西式教堂里宣誓，交换戒指；下半场则是近乎传统的中式婚礼，有传统礼仪中的证婚人和主婚人。这个婚礼

也起到示范作用，如新娘披婚纱，戴花冠、白色手套，手捧红玫瑰，新郎是打领结，穿西装，戴白色手套。代替花轿的是缀满鲜花的小汽车，代替喜娘的是婚礼司仪和男女傧相团。此后这种婚礼模式便很快在社会上广泛流行起来。

到20世纪30年代，上海西式婚礼已蔚然成风。1935年11月23日是电影明星胡蝶举办婚礼的日子，成了上海影迷们的喜庆日子。胡蝶的婚礼定在了圣三一教堂举行，吸引了许多影迷前来贺喜，上海的各大报社、杂志社也派出了记者在教堂的大门两侧守候，捕捉热点与美人身影。婚礼举办了一个上午，伴随着好友、影迷、观众、牧师的祝福声落下了帷幕，胡蝶在新郎潘有声的轻挽下走出教堂坐上婚车，在众影迷热烈而有礼貌的簇拥下含笑离去。翌日，上海媒体纷纷作了报道，称此为“上海第一婚”。

文明结婚是中西婚俗的一个相互妥协，一方面传承着几千年的本国传统仪式，一方面吸纳了西俗结婚仪式的新元素。新旧两种婚礼形式的并存，即传统婚礼和文明婚礼的并行不悖。

幸福美满伴君行

——新娘捧花

民国文明结婚，实行的西式婚礼仪式，除了新郎与新娘去教堂、着西装、披白色婚纱、佩戒指，伴郎与伴娘等之外，还有“办婚宴”“手捧花”“度蜜月”等环节。“办婚宴”，也叫招待酒会，食物的类型、贵贱和档次通常视经济状况而定，还会有新郎新娘共同切蛋糕，新郎新娘让对方先吃一口蛋糕，预示今后生活甜蜜融洽。“度蜜月”，新婚夫妇在婚礼结束后会进行婚后的旅行。这一习俗最初源自古老的德国风俗，新婚夫妇要和双方家人喝一个月的甜酒（也称蜜酒），后来演变成去远方旅行，旅行的时间和地点由新人的喜好、经济条件和时间决定，蜜月费用通常由新郎承担。此外，西方婚俗中还

▲ 20 世纪 20 年代，一对新人切蛋糕款待诸位来宾，新娘笑容可掬，新郎微显端严

▲ 1947 年，司徒雷登（左一）在南京为一对喜结连理的新人证婚

有“新、旧、蓝、借”的说法。“新”指朋友送的礼物，象征新生活；“旧”指母亲或长辈传下来的婚纱、头饰或首饰等，代表亲人的祝福及传承；“蓝”指新娘的小饰物或花束用蓝色，意味着新娘的纯洁及贞洁；“借”指向别人借东西回来，据说从富裕亲友借来金或银放在鞋内，象征带来财运。其他的习俗，例如在英国威尔士，新郎需雕刻一把象征爱情、忠诚与责任的钥匙，如今可直接在商店挑选；在奥地利，新婚当晚新娘与新郎要一同喝下用蜂蜜酿成的美酒，据说从中世纪流传下来，若新娘喝后十个月内生子，蜂蜜酒的酿造者会声名大噪，其生意也会红火，酿酒师的名字还可能会被作为新生孩子的名字。西方婚俗在不同国家和地区可能会存在一些差异，同时，随着时间的推移和文化的交流融合，一些婚俗的具体形式和含义也可能会发生变化。

民国时期，在上海等大城市里，流行的西式婚礼上，新娘穿白色婚纱礼服，手捧鲜花，头戴长达数米的白色长纱，新郎穿黑色大礼服，白硬领衬衫，戴黑领结，手捧黑呢高帽和白色手套，而他们两边的男女傧相也分别穿大礼服和白纱。举行婚礼后，新人就在教堂内与双方家长、证婚人等拍摄合影照，这就是最初的婚纱照。

在西式婚礼上，新娘手捧鲜花已成惯例。捧花源于古代西方人的习俗观念，他们认为，气味浓烈的香料及香草可以保护婚礼上的人们免遭厄运和疾病的侵害。新娘手里捧着的鲜花，具有吉祥物的意义，捧花还有搭配白色婚纱的作用，这让新娘子看起来既纯洁浪漫，又充满活力。西方的这一惯例很快就被中国的新娘接受，中国传统有许多的爱情之花，芍药、蔷薇、丁香等，在民国时期，都会被新娘子捧在手上，甚至具有“长青”意义的柏树枝，也可能进入婚纱摄影的镜头之中。一个新娘捧花的样式可能相对较为传统和简约。常见的圆形捧花，这是一种经典的手捧花造型，给人优雅简单的感觉。从许多老照片中，可以看到一些新娘子捧着类似鸟窝形状的花束，这可能是当时的一种特色或个人喜好。新娘也可以根据自己的喜好、婚礼主题、风格以及个人气质等来选择适合的捧花样式。随着时间的推移，捧花的

▲ 20 世纪 30 年代发型时髦的新娘捧着花

▲ 20 世纪 30 年代的结婚照，新娘捧花

▲ 20 世纪 40 年代，一位捧花的新娘在上海王开照相馆留下倩影

样式和风格也在不断演变和发展。

1927年12月，蒋介石和宋美龄在上海举行的婚礼，使白色婚纱风靡全国。新娘身穿白色婚纱，手捧鲜花，成为了新式婚礼的基本要求。新娘捧花并在婚礼入口处迎门的习俗，既受到了西方文化的影响，也体现了当时的时尚和流行趋势。同时，这一习俗也为婚礼增添了浪漫和美好的氛围。新娘捧花迎客，新人手捧的花束通常会选择具有美好寓意的花种，花的颜色可能以白色、粉色等较为常见，因为白色在西式婚礼中是经典颜色，象征纯洁典雅；粉色则能衬托出新娘的娇羞柔美。所用的花材种类可能包括玫瑰、百合等。玫瑰是爱情的象征，百合花在中西方都代表着纯洁、天真等寓意。有一首描述民国上海西式婚礼新娘捧花的竹枝词：“西式婚礼沪上兴，新娘捧花意难平。百合玫瑰相争艳，幸福美满伴君行。”西式婚礼中新娘捧花的场景，花束中百合和玫瑰争奇斗艳，寓意着新人幸福美满的生活。据说，在婚礼接近尾声时，通常会有新娘抛花的环节，接到抛花的人被视为当天的幸运儿，有幸抢到花的女孩可能成为下一次婚礼的新娘。

结婚兴起讲集团

——集团婚礼

辛亥革命时期，有识之士就提出简化婚礼，改变陈规旧习。但当时出现两种倾向，一方面是江南广大的乡村依然维持传统的中式婚礼仪式，另一方面是城里人模仿西方婚礼形式，搞文明结婚，即所谓“新式结婚”。旧式婚礼虽然隆重，但耗费太巨，而文明结婚，模仿

▲ 1935 年 4 月 3 日下午，57 对新人在上海江湾市政府礼堂前举行集团婚礼

西式婚礼，也使民众不胜负担，有的家庭为此也是负债累累。基于这种现实，1935年上海兴起了举办集团婚礼的举措，在全国产生很大反响，影响所及，北平、天津、南京、汉口、杭州、宁波等许多城市，都纷纷仿效，成为喜闻乐见的一种社会时尚。宁波有一首竹枝词盛赞“集团婚礼”：“结婚兴起讲集团，琴瑟和鸣笑语欢。从来姻缘私家事，如今万众贺美缘。”

“集团婚礼”兴起背景是当时国民政府提倡的“新生活运动”，旨在简化婚礼过程的繁文缛节。时任上海市市长吴铁城指令社会局征询各界对集团结婚的意见及实施办法，并草拟了相关仪式及参加办法。1935年2月7日，《上海市新生活集团结婚办法》公布，以“简单、经济、庄重”为宗旨。该办法规定：一、凡上海市民结婚应申请参加集团婚礼。二、婚装要求：新郎着蓝袍、黑褂、蓝裤、白袜、黑缎鞋与白手套；新娘着短袖淡红色旗袍、同色长裤、同色缎鞋、肉色丝袜，头兜白纱，手戴白手套并执鲜花。三、每对新人交费20元。四、举行婚礼地点为市政府大厦礼堂。五、每月第一个星期三为集团婚礼举行日子，每月举行一次。办法公布后，接受市民结婚登记申请，经社会局核准后公布，预定期限内接受登记者达60对，最终核准了符合规定的57对。

▲ 1935 年 57 对新人集团婚礼在上海市市长见证下举办仪式

▲ 1935 年上海 57 对新人列队走上市府新厦台阶，集体合影留念，手挽手走出礼堂

▲ 1935 年上海集团婚礼结婚场景

首届集团结婚典礼正式举办那天，位于江湾的市政府大厦门前彩旗飘扬，二楼栏杆点缀鲜花，礼堂里两边拉起两条鲜艳彩带，下铺大红地毯，台前置2尺红烛一对，分别镌以“螽斯衍庆”“龙凤呈祥”字样。参加集团婚礼的新人统一着装，新郎为蓝长袍、青马褂、呢帽、青便鞋、白袜子；新娘穿粉色软缎旗袍，披头纱，戴素色头花，穿高跟鞋、长筒袜，手戴白手套，捧玫瑰花及长青草。新郎新娘胸前佩戴红底金字的“结婚人”飘带，上面各有一徽章，印有“新生活集团结婚”字样及号码。为保障婚礼成功，组织者公开登报征集结婚证书及纪念品的图案，用亚美织绸厂的丝绸，聘请著名服装设计师裁制婚礼服；市政府大礼堂内外精心布置，大门口彩旗飘扬，大红喜字耀目，喜堂及扶梯栏杆缀扎各色鲜花，设置礼台并摆放龙凤呈祥大红花烛等。在婚礼前一天进行了预演，57对新人悉数参加。

婚礼于市政府大礼堂举行，由市长与社会局长证婚，还邀请了各界代表观礼祝贺。结婚典礼开始时先奏乐，新人在手提红纱灯笼的社会局科员引导下，双双并肩步入喜堂。成婚礼每两对

▲ 1935 年民国集团婚礼，前排坐着上海市市长与其他社会人士

新人为一组行进，司仪报告新郎新娘姓名、籍贯、职业后，新人登上礼台，向孙中山先生铜像立正，行三鞠躬礼，然后新郎新娘相对二鞠躬，再向证婚人一鞠躬。证婚人授予新郎结婚证书、授予新娘纪念章，新人领受后再向证婚人一鞠躬致谢，然后携手退下。最后，57对新人走出礼堂，来到外面广场合影留念，由著名的上海南京路王开照相馆高级摄影师拍摄。

整个婚礼过程不到两个小时，新人亲友、各界代表等众多观礼者参加，现场热闹非凡，引来近万名围观市民喝彩欢呼，也受到了媒体的广泛报道，美国的派拉蒙、米高梅、中斯等电影公司还派摄影师到现场拍摄新闻片，并在世界多个大城市放映。

此后，上海市的集团婚礼共举办了十多届，参加新人超过千人。集团婚礼是一种创举，既时髦、又节俭，没有老式婚礼那种古板烦琐，也吸收了西式婚礼的元素，保留了中式衣衫式样，新潮但不出格，以简约、文明的方式举行婚礼，有助于移风易俗，推动社会形成更加健康、文明的婚姻观念和生活方式。集团婚礼的公开性和规范性，使婚姻得到更多的社会关注和认可，强化了婚姻的庄严和神圣感。在集团婚礼中，不同社会阶层、经济背景的新人共同参与，有助于打破门第观念，促进社会的公平。

交情男女近优容

——异国婚恋

从清末到民国，那是一段风云激荡的岁月，江南这片钟灵毓秀之地，不仅孕育了深厚的文化底蕴，也见证了一段段跨越国界的浪漫爱恋。民国时期，随着中国与外国的交流增加，跨国婚姻的数量也逐渐增多。由于文化背景的不同，跨国婚姻中夫妻双方在生活习惯、价值观、宗教信仰等方面可能存在较大差异，需要双方相互理解和包容。恰如晚清留洋学员陈寿彭《欧陆纪游》竹枝词所云：“交情男女近优容，携手同行笑语浓。落后橐砧偏踽踽，自扶短策紧相从。”只有努力理解和尊重对方的文化背景、价值观和生活习惯，才经得起人生岁月的考验。

说起民国时期的异国婚恋，1913年6月18日凌晨，时任保定军校校长的蒋百里，因向北洋政府陆军部索要军费未果，愤懑至极而举枪自杀未遂。一位日本军医和名叫佐藤屋登的女护士从北京赶来保定对其进行医治。佐藤屋登劝慰蒋百里要以国家为重，只有活着才能报效国家，这句话让蒋百里放弃了轻生的念头，顿时对佐藤屋登产生了好感，伤势初愈后，赴京休养，恰巧住进了佐藤屋登工作的医院，但佐藤屋登对蒋百里的追求总是躲避。佐藤屋登本就已爱上蒋百里，她的父母看过蒋百里的来信后，最终同意了这桩婚事。1914年冬，佐藤屋登来到中国，并与蒋百里在天津德国饭店结婚。蒋百里素爱梅花，为她取名佐梅。婚后，两人先后育有五女，这位日本女子为了自己的中国丈夫，甘愿离开祖国，追随他来到中国。婚后佐梅不再说日语，中国全民族抗日战争期间更是勇敢地站在了中国军民的一方，反对日本帝国主义，书写了一段异国婚恋凄美的传奇故事。

▲ 1888 年，后来担任圣约翰大学校长的美国人卜舫济与出生于上海的黄素娥结为夫妇

蒋经国在苏联留学期间结识了苏联姑娘芬娜。当时的蒋经国身处异国，处境艰难，而芬娜给予了他关怀和支持，两人逐渐产生感情并结为夫妻，芬娜改名为蒋方良。这段婚姻起初不被看好，主要是因为双方的背景差异较大。然而，在后来的岁月中，蒋方良陪伴蒋经国走过风风雨雨，操持家庭，相夫教子，证明她是一位贤妻良母。

▲ 20 世纪初罕见的中西结合情侣和跨国婚姻

陈纳德与陈香梅的婚恋故事是一段跨越国界和年龄差距的传奇佳话。陈纳德原是美军飞行员，1937年抵达中国考察空军，后在昆明组建航校并帮助训练中国空军。1941年，他正式组建飞虎队。该队在全民族抗日战争中表现出色，给日军造成了沉重打击。1944年，从岭南大学毕业的陈香梅加入中央通讯社昆明分社，成为中央社的第一位女记者，并接到了采访飞虎队指挥陈纳德的重要任务。陈香梅有着典型的东方女性长相，英语流利。第一次见到陈纳德时，她就对其充满好感，觉得他不仅能力强、爱中国，还幽默风趣。此后，两人互生情愫，心灵距离也越来越近。1945年底，21岁的陈香梅提出要嫁给陈纳德时，遭到了家中长辈的

▲ 1928 年 5 月 8 日，苏步青与日本女子松本米子在日本仙台市成婚。1924 年苏步青赴日本仙台留学，认识了松本米子很快相恋

一致反对，但她已铁了心要和陈纳德在一起。1947年，陈香梅和陈纳德在上海举行婚礼，结为夫妻。1958年陈纳德因病去世，这段婚姻虽然只持续了11年，但他们的爱情故事一直被人们津津乐道。

苏步青是中国著名的数学家、教育家，中国微分几何学派创始人，被誉为“东方第一几何学家”“数学之王”。他与日本女子松本米子的爱情故事，充满了跨越国界和文化的深情与坚韧。1924年3月，苏步青以第一名的成绩考取位于日本仙台市的东北帝国大学，醉心于

▲ 1947 年，24 岁的女记者陈香梅嫁给支援中国抗日的飞虎队陈纳德将军，12 月 21 日在上海虹桥美华村 5 号的寓所举行了婚礼

▲ 1947 年，美国青年学者沙博理来沪，经人介绍认识了复旦大学学生凤子，1948 年 5 月在上海结婚

微分几何的研究。1926年，在老朋友茅诚司的介绍下，苏步青认识了松本米子，两人一见倾心，有谈不完的话题，越谈越热络。尽管松本教授曾对女儿嫁给苏步青稍有犹豫，但在未来岳母的支持下，1928年5月8日，这对异国情侣在日本仙台喜结良缘。

婚后，他们一起在杭州度过了相对宁静的6年生活。松本米子这位异国媳妇，雍容大方，贤惠有礼，在中国全民族抗日战争的岁月里，她与苏步青一起颠沛流离，过着极为清贫的生活。松本米子想方设法节衣缩食，全力操持家务，相夫教子，支持苏步青在昏黄的桐油灯下钻研微分几何学。40年代末，面对国民党政府逼迫苏步青去台湾的压力，松本米子坚定地表示：“一个家庭不能分开，一个民族也不能分开，我嫁给中国人，我的命运应属于中国。”她申请加入中国籍，获准后正式改名为苏松本。他们的爱情故事，展现了两人在艰难岁月中不离不弃、相濡以沫的深厚情感。

第七章

西方丧葬文化的示范与传播

近代西方丧葬文化的示范与传播给江南地区带来了丧礼上的一系列变化，上海作为一个国际化的大都市，出现了中西融合的现象。

死亡被认为是平等的，每个人都无法摆脱这个终局，同时死亡又显现出社会巨大的不平等。中国传统文化对殡葬礼仪有着琐细的安排和礼仪规范，周礼中就已经明确了“贵贱有仪，上下有等”的丧葬仪式。由于中西文化、宗教信仰和哲学思想等方面的不同，对丧葬礼仪的形式以及理解存在很大的差异，这也从不同层次上折射出中西方在生死观方面的不同。

清末民初，特别是民国肇始，丧葬礼仪也发生了巨大变化。民国政府制定了《丧礼草案》，主要内容包括了报丧、亲殓、受吊、祭祀、别灵、出殡和葬仪。与此同时，上海的丧葬礼仪也吸收了许多西方的仪式，例如开个追悼会，送朵小黄花，成为新形式的悼念服务。这种仪式将私人领域的追思活动引入公共空间，有名望的人在死后能继续享受大众的瞻仰。例如，清末商人盛宣怀的葬礼出殡仪式吸收西方军事典礼的形式，吸引了众多旁观者；1936年鲁迅在上海逝世，参加葬礼的前后多达数万人，送葬队伍所到之处人山人海。民国著名影星阮玲玉的出殡仪式也有大量民众围观。

随着上海需要处理更多人的死亡问题，殡仪馆作为一种新商业形式应运而生。送花圈风俗也是近代从西方传入上海的，到殡仪馆为死者送葬，给死者供上祭品，烧香磕头，倾诉想念之情。也有到墓地向死者献上鲜花。西方的公墓制度也对上海产生影响，来华的外国人按照等级差序格局使用墓地，反映了租界里的种族和社会界线。在西方丧葬文化的影响下，一些传统的丧葬习俗也发生了改变。例如，在着装方面，中国传统葬礼以白色、黄色、黑色为主基调，而受西方文化影响，中国的丧葬着装开始逐渐向黑色调转换，逝者的直系亲属会在衣袖上佩戴黑色丝布并绣上白色“孝”字，以表哀思和悼念。

同时，西方丧葬文化中的一些元素，如十字架、蜡烛、圣水等宗教特色物品，也在一定程度上被引入或借鉴。但中国传统丧葬文化中的一些核心元素，如对逝者的尊敬、家族观念等仍然得以保留。总体而言，这一时期上海的丧礼呈现出中西融合的特点，既体现了西方文化的影响，也保留了本土文化的根基。

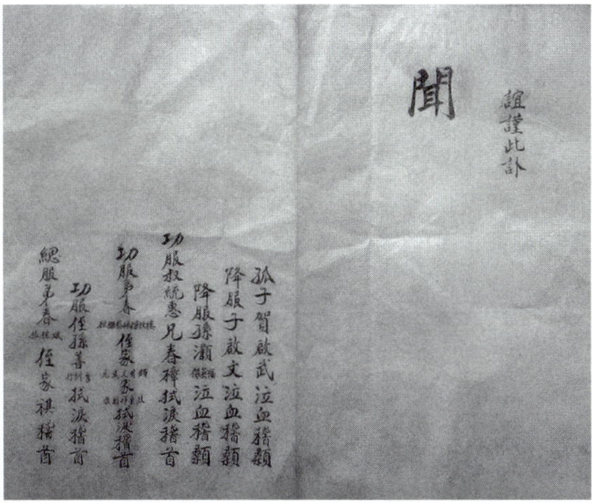

▲ 民国时期一户普通人家书写的讣闻和讣告

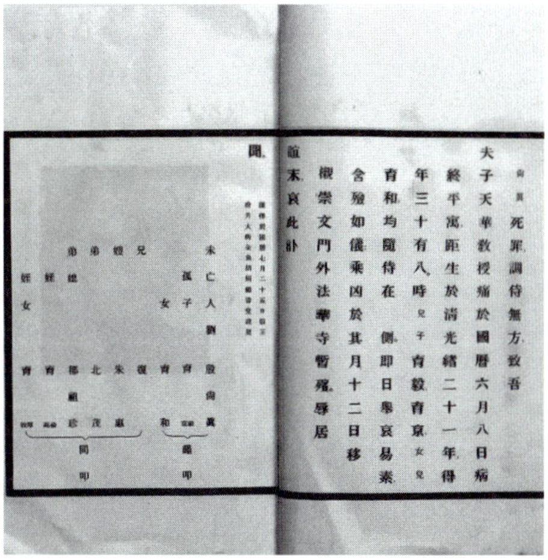

▲ 讣闻（告）是一种用于表达哀悼之情的文书，通常在丧事发生时发送给亲友，告知他们去世及相关的纪念活动

出丧牌挂钱门外

——发丧讣闻

死亡意味着人生旅程的终结，处理死者遗体及相关的悼念方式等，构成了人生仪礼的最后一环——丧葬礼仪。漫长的封建专制主义的社会里，“刑不上大夫，礼不下庶民”，报丧方式是按死者生前的地位来确定的，一般庶民死了，是不能用讣告的。但庶民也是人，家中有人离世，也得把噩耗告诉亲戚族友，不能用讣告，就得采用其他方式来表达，例如，成书于1593年明沈榜的《宛署杂记》就记载了这种告知方式：“初丧三日，出丧牌挂钱门外，计死者之寿岁一张，曰挑钱。”挂一个丧牌，其实就起着讣告的作用。

自古以来，中国人还有一条不成文的约定，发丧与否，还要根据逝者的年龄而定，未成年的夭亡者，“黄泉路上无老少”，一般不发丧，不去兴师动众引发“白发人送黑发人”的号啕与悲伤了。

讣闻，又称“讣告”“哀启”“家传”“行述”“行状”等，书写或印刷成单张，委派专人送达或邮寄给逝者的亲戚、朋友以及上司

▲ 20 世纪 30 年代的殡葬遮阳篷和哀悼者

中央日報

今日本報隨報附送中央宣傳部編印之「中央週刊」第一百十六期一張請閱者注意

國民政府警衛軍馮故軍長治喪處啟事

馮故軍長軼羣上將塋地業已卜築於本京中山門外麒麟鎮之大山崗諏定十月十八日已時安葬十七日上午八時至十二時爲各機關團體公祭時間下午二時至四時爲個人祭奠時間十八日上午六時靈櫬由兩廣賓館發引謹此奉聞

恕訃不週

聞

先考陸軍上將一等寶鼎勳章國民政府警衛軍軍長軼羣府君於民國二十年六月二十四日未時因病逝世享年四十歲不孝等隨侍在側親視含殮服滿泪十十月十七日在南京四象橋兩廣賓館治喪處領帖十八日扶柩安葬於南京中山門外麒麟鎮大山崗哀此訃

罷慈侍下 孤子馮遂 泣叩

孤女惠端

▲ 民国《中央日报》所刊治丧处启事及逝者子女讣闻

▲ 1937 年，上海人出丧抬着匾额如同游行，是一项更大的发丧讣闻

下属。“讣”原指报丧、告丧，也指死者亲属向亲友及有关方面报告丧事用的文书。民国时期，中国的讣告文化发生了一些演变。

中国古代就有讣告，通常是一种报丧的文书。而到了清中期至民国年间，死者生前稍有地位和影响的，逝后大都会有或详或略的讣闻印制刊布。刊布者为家属、门生、同僚、乡谊等，其作用一是周知亲朋好友，二是罗列收纳上司下属、亲朋好友等各界的悼文，既是一种交代，也是对家族荣誉的强调。和当时民间盛行的建祠堂、修家谱一样，刊布讣闻还有着强化家族观念、凝聚合家人心的作用。徐珂的《清稗类钞》中记载“讣文，一做讣闻，古本做‘赴’，以丧告人也。详具死者之姓号、履历及生卒年、月、日、时，卜葬或浮厝之地及出殡日期，凡宗族、戚友、同乡、同官、同事、同学，必遍致之。”人死以后，家人给邻里报讯，四处报丧，遍告亲友，吊丧之客络绎不绝。报丧后来演变为“讣告”，人们较多采用的是在报纸等公开媒介对公众进行死者信息的公告。

然而，到了民国时期，讣闻的刊布出现了一种新的现象，即由逝者生前服务的或和逝者关系比较密切的团体机构出面举行追悼活动，然后印制发行纪念册，或在期刊报纸上刊登纪念特辑。逝者名气越大、影响越广，出版纪念特辑的就越多。像孙中山、鲁迅这样的伟大人物逝世以后，各界出版纪念特辑的报刊数量众多。这些纪念特辑，可以视之为传统讣闻的近代变异。

20世纪二三十年代的讣闻，大多会有照片，最少也有一张逝者的遗容照，稍考究的还会有逝者生平留影、追悼活动场景等，少则十余张，多则几十张。还有的讣闻直接以照片命名，如“阮玲玉遗影集”等。更有全本以摄影照片组成，完整展现了从人逝大殓、搭建灵堂、家属祭奠，到众人吊唁、出殡送殡、最后落土下葬的全套葬仪过程，其特殊的文献价值堪称独一无二。总体而言，民国时期的讣告在形式和内容上都有一定的变化和发展，既保留了传统讣告的一些特点，又受到当时社会文化和技术发展的影响，呈现出一些新的特征。这些变化反映了社会的变迁以及人们对丧葬和纪念方式观念的转变。

1931年，鲁迅先生为悼念“左联”五烈士而作了一首诗，得知几位年轻人被敌人残酷杀害的消息后，他是很悲愤的，写下了《惯于长夜过春时》的诗：“忍看朋辈成新鬼，怒向刀丛觅小诗。吟罢低眉无写处，月光如水照缁衣。”他怎忍得看着年轻的战友被敌人杀害，遂以愤怒的心情对着白色恐怖的刀丛写诗悼念。吟诵之后俯视周围却没有发表之处，只有那清冷如水的月光照着我这个穿黑袍的避难者。“怒向刀丛觅小诗”一句实在是气魄动人。鲁迅并非不知道“文网”为何物，因此“刀丛”这个比喻再贴切不过了——文字狱之于文人，的确是如刀山火海了。

又为斯民哭健儿

——吊唁吊仪

传统的丧葬习俗内容复杂，程序繁芜，既是社会生活的一个侧面，也反映了普通百姓的信仰。通过繁复的丧葬仪规，一方面表达人们对死者的追念之情，另一方面也表达了对死者进入另一世界的祝福。各地传统丧葬仪礼略有差异，但一般来说都经历以下步骤：停灵、报丧、吊唁、入殓、奠礼、出殡和下葬。繁杂的丧葬礼仪，其最终目的无非是既要让死者得到安息，也要让活人安宁，家道振兴。

▲ 1905 年吊唁逝者的队伍

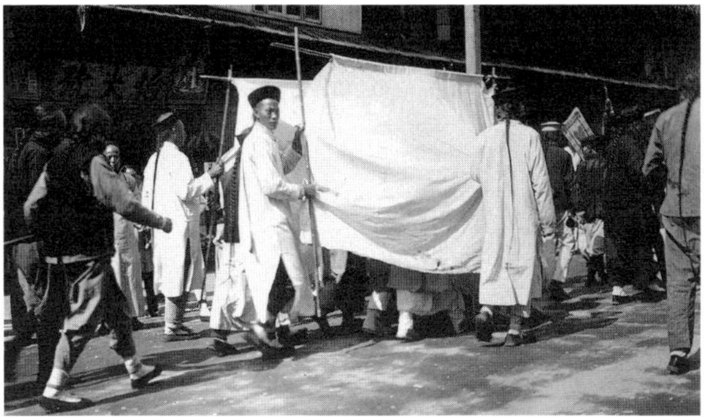

▲ 1905 年上海送葬队伍中白色华盖下的吊唁和哀悼者

《周礼·春官·大宗伯》载：“以凶礼哀邦国之忧：以丧礼哀死亡，以荒礼哀凶札，以吊礼哀祸灾，以禬礼哀围败，以恤礼哀寇乱。”所谓“丧礼”，是指与自己有关系的人，去世之后按照名分服丧的礼节。传统的丧葬祭祀礼仪，第一种包括死者临终，一直到下葬之前的一系列仪式；第二种则为葬礼，指的是下葬过程中的各种礼节；而第三种则是祭礼，主要是指下葬之后所举行的仪式。

亲友闻讯后日夜兼程，赶赴丧葬礼，称为“奔丧”。当子女没有到齐时，家中要停尸待葬，等待远在外地的子女全部到齐后下葬。亲子奔丧与孝道伦理相连，如果不能为父母奔丧，则被认为大逆不道。所以，无论子女在外多远，若家中亲人亡故，一定要日夜兼程，赶回家中。这叫“亲视含殓”。如果是戚友，则要“闻丧赴吊”，听闻讣告后尽快赶往死者家中吊唁，哀悼死者，慰问亲属。亲友须穿素服参加吊唁，行礼致哀，并送上钱财用以助丧。这些钱财叫“奠仪”。奠仪一般包括现金、香烛、冥钱等。宾客前来吊唁时，有专人在一旁“喝礼”，吊唁者按照喝礼人的指挥行一跪三叩之礼。

吊唁又分为“奔丧”和“吊丧”，两者有些差别。“奔丧”强调的是得知亲人去世的消息后，尽快赶回家中处理丧事。通常是与逝者关系非常亲近的亲属，如子女、配偶等，从外地匆忙赶回。奔丧者往往怀着极度悲痛和急切的心情，以最快的速度回到家乡参与丧葬事宜的安排和处理。在这个过程中，奔丧者更侧重于参与丧事的筹备、守灵等一系列实际的丧葬事务；“吊丧”则更多地指亲友得知丧事消息后，前往逝者家中或丧葬场所进行吊唁慰问。吊丧者与逝者的关系相对较宽泛，可能是亲戚、朋友、同事等。吊丧者的主要行为是向逝者表示哀悼，向家属表示慰问，一般不直接参与丧事的具体筹备和安排工作。总的来说，奔丧更侧重于参与丧事的全程处理，而吊丧更侧重于表达哀思和慰问。

相较于清代，民国时期的吊唁礼仪更加简化。取而代之的是更加简洁、庄重的仪式。如鞠躬逐渐取代了跪拜成为主要的吊唁礼仪。这一变化反映了社会观念的转变，强调平等和尊重，吊唁礼仪仍然保留了一些传统的元素，如守灵、祭奠等。文人学者会以诗文的方式来吊唁故人，也是蔚为传统。

▲ 1932 年“一·二八事变”中，美国民间飞行员罗伯特·麦考利·肖特驾驶飞机与日本王牌飞行员在苏州空战，不幸罹难。上海各界慰问从美国赶来吊唁的母亲和兄长

▲ 1936 年 10 月 19 日，鲁迅在上海去世，遗体转移到万国殡仪馆，布置了灵堂，吊唁人员络绎不绝，被迫延长一天出殡

▲ 1936 年 10 月，上海民众街头出殡的情形

1933年6月21日，鲁迅还写下《悼杨铨》一诗，以悼念被国民党特务组织暗杀的友人杨铨："岂有豪情似旧时，花开花落两由之。何期泪洒江南雨，又为斯民哭健儿。"还有不少悼亡诗文，或表达对于友人的深切怀念，或表达对亡妻的深切思念，或抒发对亡友的沉痛哀悼，情真意切，具有强烈的艺术感染力，体现了民国时期文人以诗文吊唁故人的方式。

1911年4月27日广州起义失败后，同盟会会员潘达微寻得牺牲烈士遗骸七十二具，合葬于广州东北郊的黄花岗，世称"黄花岗七十二烈士"。作为起义总指挥的黄兴于同年秋在香港养伤期间写下《蝶恋花·辛亥秋哭黄花岗烈士》一词悼念牺牲的烈士，词曰："转眼黄花看发处，为嘱西风，暂把香笼住。待酿满枝清艳露，和风吹上无情墓。回首羊城三月暮，血肉纷飞，气直吞狂虏。事败垂成原鼠子，英雄地下长无语。"1906年，同盟会会员刘道一被捕就义，孙中山为悼念他写下《挽刘道一》："半壁东南三楚雄，刘郎死去霸图空。尚余遗孽艰难甚，谁与斯人慷慨同。塞上秋风悲战马，神州落日泣哀鸿。几时痛饮黄龙酒，横揽江流一奠公。"这些故事和诗词反映了民国时期人们对逝者的悼念与追思，也从不同侧面展现了那个特殊时代的历史背景和人物情感。它们不仅是文学艺术的表达，也是对历史事件和人物的一种纪念。

▲ 清末民初葬礼出殡情形，棺材上罩着饰有精美图案的布帏，杠夫身上都缀着补子，说明死者有一定地位

富贵如烟化纸钱

——出殡丧礼

丧礼中的出殡仪式，按照中国人“事死如事生”的文化精神，就是把逝去的亲人当成还活着来处理，本质上就是生者为死者办一场盛大、隆重、哀荣的告别仪式，仿佛是送一个人远行，其中蕴含着浓郁的生命信仰因素。《仪礼》主要从实践层面对贵族阶层在举办丧葬活动时应当正确执行的基本程序和具体方法作了详细说明。出殡前，普通百姓的家奠，一般在家中举行。有的人家会请来和尚诵经，也有人家请道士做道场，当然也有人请来吹鼓手吹奏或唱戏。这些活动都是为了帮助逝者死后的灵魂进入阴间。在去阴间的路上，灵魂会遇到很多阻碍，无论是请和尚，请道士，还是唱戏吹奏，都是“做法事”，为了给逝者的灵魂指明方向。

出殡一般在清早进行，在家中进行最后一次家奠后，家人便将灵柩装上灵车向墓地出发。出殡的队伍由亲人、家属、邻居、朋友、同事等组成。出殡途中，有人不断向空中撒纸钱。铳声震天，鼓乐声声，旗伞遮天。大户人家出殡仪仗，穷极奢华，前有开路神、四金刚、铭旌、显轿、对子马、僧、道、尼、军乐、纸扎（以纸扎成车、舫、人物、花卉等）等物。其有势者更有各团体之执绋，最后则为灵

▲ 1906 年南京，一支葬礼队伍通过街头

柩、功布、孝轿、客轿。灵柩以五彩锦绣覆之，白玉为顶，数十人抬之。出殡起杠时，或经过桥梁，要向高空撒纸钱，也有出殡队伍过桥时，孝子要卧伏，称“背棺过桥”，寓意替亡者负重。孝子草履麻冠在其中。后为孝轿，为死者之妻若媳所御者，白布周匝，饮泣悲哀。后为客轿，则为疏远之亲戚矣。亲故知交，每要于中途设祭致奠，谓之“路祭”。其路线大概选热闹通衢，以为炫耀，沿途散飞冥洋，称“买路钱”。或至寺院善堂暂厝；或径下乡安葬，是谓热葬。至其排场，则随其家之丰啬而定，至贫穷人家，则每于大敛后破晓时，招鼓手数人、扛夫数名，孝子手捧灵位步行，谓之“偷丧”。

▲ 民国时期“大出丧”现象风靡南北，体现了厚葬奢华的风尚

▲ 20 世纪 40 年代上海街头出殡队伍行进

▲ 20 世纪 40 年代上海郊区的送葬队伍

民国时期上海的大出殡通常是有权势者展示家族地位和排场的方式。出殡仪仗的显赫繁多，不仅可以显示丧家的财大气粗，也可以反映死者的一生经历和作为。可以说，出殡仪式成为死者一生经历和成就的展示舞台。盛宣怀大出丧，呈现了盛宣怀在同乡组织、慈善组织和新式企业上的关系及空前的社会影响。商务印书馆借助当时出现不久的摄影技术，完整地记录了盛宣怀大出丧的过程，拍摄成影片，影片后来还被出租给各影戏园，“盛杏荪大出丧”便长期成为各影戏院的保留节目。盛宣怀大出丧几乎成为一个标杆，成为衡量其他大出丧显赫程度的标准。

事实上，盛宣怀大出丧已经成为奢华出殡的代名词。盛宣怀出殡时，经过的马路人山人海，两旁店铺大都暂停营业布置座位，甚至有人在马路两边搭台设椅收取看资。1922年4月，当时报刊上被称为“江西首富”的周扶九出殡时，送葬队伍在南京路上走了3小时才走完，其灵堂布置肃穆典雅，抬棺的龙头杠架、龙凤罩套据说曾用于抬光绪皇帝和慈禧太后，还有众多的仪亭、挽幛挽联、乐队等。整个送殡队伍庞大，沿途各种祭祀仪式繁多，也吸引了众多民众前来观看，成为了当时的一种特殊社会景象。

当时上海有《沪上大殡观礼有感》的竹枝词：“豪门出殡势惊天，旗幡蔽日鼓乐传。街衢塞堵人潮涌，富贵如烟化纸钱。”描绘了豪门大出殡的宏大场面，旗帜遮蔽了天空，鼓乐声不断传来。街道被堵塞，挤满了围观的人潮，显示出其排场之大。最后一句则表达了对富贵如过眼云烟，最终也只是化作纸钱的感慨。周家在这场出殡上耗费了巨额资金，其规模和耗资都相当惊人。这种大出殡不仅反映了当时社会的一些风俗和逝者家族的权势地位，也展示了那个时代的特殊社会景象，从侧面反映了当时社会的贫富差距和人们对权势、财富的追求与展示。

青烟袅袅随风去

——葬俗选择

所谓葬俗选择，就是人类对逝者遗体的处置方法。中国传统的说法叫“殡葬”，所谓“殡”，意思是“停柩”，如《礼记·檀弓上》：“殷人殡于两楹之间”“周人殡于两阶之上”；“葬”作藏解，意思是将遗体藏起来，“国子高曰：葬也者，藏也。藏也者，欲人之弗得见也。是故，衣足以饰身，棺周于衣，椁周于棺，土周于椁”。古今中外的葬法多种多样，有的是采用单一葬法，有的是采用复合的葬法。丧葬风俗基本可以归纳为：保存遗体（或遗骨）和不保留遗体（遗骨）两类。不保留遗体或无遗体的殡葬方法大体上有：火葬、水葬等；保存遗体（遗骨）的殡葬方式有：土葬（含棺葬、瓮葬缸葬）、塔葬、悬棺葬（船棺葬）、二次葬（捡骨葬、洗骨葬）、特殊葬等。在许多地区还存在着多种葬法并用的复合葬，即先火葬，而后再将骨灰水葬或土葬；或先风葬，再火葬；或先土葬，过几年再挖出遗骨火化，然后再水葬；等等，不一而足。不过，“入土为安”的观念在中国深入人心，传统的葬仪主要是土葬与火葬两种方式。到民国时期，仍以土葬为主。

火葬是古老而普遍的丧葬方式之一。尤其是佛教从东汉时期传入我国，僧人和信徒都实行火葬，逐渐影响到全国。唐、五代、宋、元时期，民间火葬比较普遍，尤其风行于江南各省。近世中西文化的交融与碰撞，在丧葬方式上，中国社会趋向文明开放，移风易俗，提倡火葬的呼声日甚，然而，清末及至民国，由于“入土为安”传统观念的顽强抵抗，认为土地是生命的归宿，只有土葬才能让逝者得到安息，灵魂得以安宁，致使推行火葬面临重重困难和阻力。尽管民国政府在一定程度上提倡火葬以节约土地资源和推动社会进步，但在实际操作中，由于民众观念的束缚，火葬的普及程度仍然非常有限。

▲ 1948 年，上海轮船码头的搬运工将内战中阵亡者的棺材装船，运回家乡安葬

▲ 棺材铺将棺材送至订购人家中。人们常提前准备棺材，称为寿材

▲ 1948 年 12 月，战乱难民在荒野掩埋一位 60 岁的逝者

▲ 民国初年江南普通民众办丧事，普遍推行土葬下葬的丧葬方式

民国时期，一方面长时期战乱所造成的民众死亡数量的不断累积，因交通受阻，很多棺柩不能顺利被运回乡下安葬，多停于上海的会馆丙舍、殡仪馆或寺庙之中。天长日久，棺木以及尸身腐烂不堪，秽气四溢，不仅严重影响着市容观瞻，同时也有碍卫生防疫。另一方面，战争造成的大量非正常死亡给城市管理留下巨大挑战，穷人及儿童的高死亡率，对上海工部局的清尸工作造成极大负担，在这种情况下，火葬是高效而便宜的上好选择。

1927年后，国民政府吸收西方新的公民文化并推动死亡世俗化，但在中国的城市中，推动葬礼习俗转变的动力很有限，火葬在上海的推行就是一个旷日持久的过程。唐宋时期因为佛教传播，火葬曾盛行一时，但是明清以降为了推行符合统治要求的意识观念和法律设置，土葬依然是主要丧葬形式，火葬一度被视作异端，入土为安的死亡观不断巩固。因此，到了40年代末，卫生行政部门多次下达命令，要求积柩限时出清，并积极研讨方案对没有迁出者进行集中火化。有关火葬的问题变得迫切起来。

作为一种专门用来焚化遗体的现代殡葬服务设施，火葬场最早在晚清时的租界中开始出现。上海第一家火葬场始建于1898年，位于静安寺公墓，同时兼营火葬场业务，不过那主要用来火化西方国家侨民的遗体，后亦承担焚化无主的露尸。这可能是我国历史上最早的火葬场。出于公共安全的考虑，有关部门对火葬采取了一系列的规范措施。以静安寺公墓火葬场为例，当有火化需要时，须提交严格的申请手续连同死亡证明书，然后按照规定将遗体送往火葬场火化。

▲ 20 世纪 30 年代，在上海生活的外国人去万国公墓为死者送葬的情形

在20世纪40年代末期，刊载在《申报》上的一篇名为《静安公墓看火葬》的文章对静安寺公墓中的火化场景有过描述：在礼拜堂的背后，有一个火葬场，占地并不大，但30多年来，每天都得以二具尸体来满足它的“贪欲”。这里的火葬炉并不大，大约比常见的棺木大不了多少，但其构造却迥异。有佚名作《火葬》竹枝词写道：“生死轮回何有常，肉身火化又何妨。青烟袅袅随风去，白骨皑皑化土藏。”表达了对火葬这种丧葬方式的接受和理解，认为它是一种符合时代发展的文明丧葬方式，具有环保节约等优点，不必拘泥于传统的土葬习俗，可以将对逝者的敬意以新的方式表达出来。

荒冢献花鲜摘得

——花圈黑纱

近代上海开埠后，进入上海的西方侨民人数不断飙升。西方侨民大抵信奉天主教和基督教，欧美侨民相距中国十分遥远，客死在上海的欧美侨民只能就地安葬，于是外国人在上海设立公墓，上海人称其为“外国坟山”，例如上海较为著名的有“山东路外国坟山”（今黄浦区体育馆），“八仙桥外国坟山”（今淮海公园），“静安寺外国坟山”（今静安公园），浦东外国坟山（今陆家嘴一带）等。此外，西方的葬礼也对上海葬礼习俗产生很大的影响，最初的影响莫过于佩戴黑纱和送花圈。

在教堂外面，棺材被放入灵车，运往墓地。灵车为黑色，车窗遮有黑纱。灵车走在送葬队伍的最前面，后面紧跟着死者的家属。当灵车和送葬的队伍到达之前，一般先要把花运到坟墓旁。西方人的葬礼，一般都举行一个简短的入葬仪式，牧师诵经文祈祷。棺木下葬后，亲友们按照与死者的亲疏顺序，向墓穴内掩土。一般少有亲友号啕痛哭，一切都在静默中进行。对出席丧礼的人，须穿黑色衣服或深色衣服，男子一般系无花黑色领带。胸前佩戴一朵白花或臂戴黑纱，以示对死者的哀悼。

尽管东西方文化对于逝去的人的悼念仪式有着种种差别，但是生者坚强、死者安息的意愿却是共同的。考察一下黑纱和花圈的渊源，可知表示哀悼的色彩，各国有所不同。中国、日本是白色，非洲是红色，欧美是黑色。古代穿丧服也与今天的人大相径庭，古代欧洲许多

▲ 1925 年孙中山逝世时民众敬献的花圈

▲ 1929 年穿着西装、佩戴黑纱的学生照

原始民族中，只要有人去世，死者的亲属立刻把自己伪装起来，或在身上涂黑色泥巴，穿上干草衣服，或用黑布将全身包裹起来，这就像时至今日许多老人不愿意过生日一样，生怕阎王爷发现了他。古代的欧洲人也是想用丧服的色彩把死神吓跑，或者不让死神认出来。所以在古代欧洲，当一个贵族死了，他的亲人后辈和仆役就都要穿黑色丧服致哀。英国仆役在购不起丧服的情况下，首倡用一块黑纱佩戴在左臂上表示致哀。这就是佩戴“黑纱”习俗的由来。

至于“送花圈”的习俗，也是从欧美传过来的。在我国古代，丧葬仪式主要是以搭灵堂为主，四周饰以白布，并扎纸人、纸马来烧，另外还要打幡、撒纸钱等。但按照北欧地区的传说，一个人临死时带上花圈，安琪儿（即天使）就会把他的灵魂带到天堂。原来，两千多年前的古罗马法律——《十二铜表法》中《神圣法》第7条说：“假如有人或者亲身，或者由于自己的马或奴隶在竞赛中获胜而得到花圈，那么在他死时，无论在他家里或在战场，都不禁止把花圈置于死者身上。同样，也允许他的亲属带花圈参加葬礼。”显然，在古代欧洲人看来，花圈原来是一种奖赏物随灵魂升入天堂的。好人升天堂，坏人下地狱，古今中外，概莫能外。

▲ 1932 年 5 月 28 日，苏州五卅公园举行“淞沪抗战阵亡将士追悼大会”，佩戴着黑纱的主祭官

▲ 1935 年上海实行丧俗改革，设灵堂，放花圈

西方还有一个更美丽的传说，古希腊的科林斯有一位漂亮的少女，不幸早逝，她的家人把她幼时玩过的玩具放在一只竹篮子里，再把竹篮放在她的墓前。第二年，一种不知名的植物沿篮边而生，并开出许多美丽的小花。由于这个美丽的传说故事，西方许多国家的丧仪中，送殡者把花或花环放在死者墓前，以表

▲ 1946 年 7 月 11 日晚，民主人士李公朴遭暗杀，沈钧儒到墓地致哀讲话并送花圈

示对死者的追思之情。现在人们为死者送花圈，仍然属于给死者赠送的一种“礼品”。

近代西方丧葬礼仪中的送花圈习俗传入上海，再由上海向全国普及。20世纪初出版的《图画日报》有一则描绘“上海社会之现象”的绘画和短文，文中称：“送葬总要送花圈，向惟西人有之。以鲜花最为高治，故特陈诸死者之墓，以表敬意；近则华人亦纷纷效之，试观大出丧，除各种仪式仪仗外，必有花圈列入。”送花圈，成为悼念逝者的重要礼仪之一，也渐渐成为中国人送葬风俗之一。当时《图画日报》的文章作者还以花圈为题作了一首连环诗，该诗从“伤”字起首，顺读为：“伤心洒泪恨绵绵，吊祭凄凉暮雨天；荒冢献花鲜摘得，香云拂墓冷凝烟。”而以“烟”起首，倒读则为：“烟凝冷墓拂云香，得摘鲜花献冢荒；天雨暮凉凄祭吊，绵绵恨泪洒心伤。”读来还是令人感觉悲凉与伤感。

翠竹黄花皆佛性
——寄托哀思

追悼会的缘起，可以追溯到古代的丧葬仪式和悼念活动，自古以来，中国就有对英烈和逝者进行祭祀和悼念的传统。随着社会的发展和文化的演变，追悼会逐渐成为一种规范化、集体性的悼念方式。

辛亥革命时期，着眼于提高全社会文化水准和改造国民精神素质的高度，对传统丧葬俗制的反思和批判，逐渐成为风俗改革的热点。西方一套文明、卫生、简洁又同样能起到致哀悼念作用的丧葬礼仪，引起了当时先进的中国人的重视。这就是以“追悼会”为代表的新丧礼的出现。以文明卫生为前提的新式丧葬仪式首先在上海发端，其特点是革除传统习俗中愚昧落后的成分。追悼会形式开始流行，人们用鲜花、挽联、挽幛并举奏哀乐，佩戴黑纱等方式来表示对死者的悼念，鞠躬和默哀取代了传统的跪拜磕头。适应用火化方式处理遗体的

▲ 1913 年，宋教仁在上海被刺身亡后的灵堂与追悼会现场

▲ 1919 年 5 月 31 日，上海学生举行追悼大会，追悼五四运动中殉国的郭钦光烈士

习惯逐渐得到推广，上海又是我国最早出现火葬场、殡仪馆及设立公墓制度的城市。新式追悼会取代了陈旧喧闹的大出殡，简朴的告别仪式又取代了讲究排场的追悼会，通常是在告别死者、悼念亡灵时，左胸别一朵小黄花，左臂围一块黑纱。有些妇女在发际插一朵白绒花。这些象征性的志哀方式，比起古代丧服，要大大简化了。

“翠竹黄花皆佛性，白云流水是禅心”，这是一处佛寺的楹联，翠竹的挺拔和黄花的明艳，都被视为体现了佛性的存在。在中国传统文化中，黄色常被视为尊贵、庄重的颜色。黄花的明艳和生机，也可以象征生命的美好和永恒，在追悼中寓意着对亡者在另一个世界的美好祝愿。从象征意义上说，黄花的短暂绽放和凋谢，可能暗示着生命的无常和短暂，引发人们对生死的思考和对亡者的怀念。

小黄花代表着对逝者曾经拥有的美好生命的纪念和尊重。出席追悼会的人手持小黄花是一种无声的情感表达，传递着对逝者的哀思和怀念，能够给人一种温暖和慰藉的感觉，在悲伤的氛围中带来一丝宁静，营造出庄重、肃穆且整齐的氛围，体现了对追悼会的重视和对逝者的共同缅怀。

葬礼结束后，丧家要举办酒席称为“吃豆腐羹饭”，酬谢前来参加葬礼以及以现金、实物等形式助丧赙奠的人，被请者一般不得拒绝，否则会被认为是“失礼”。过去这种酒席一般为素席并以豆制品为主，其后逐渐变异，各种鸡鸭大荤皆可上席，如同喜庆之宴，一碗豆腐羹必不可少，所以照旧称为“吃豆腐羹饭”。此俗在江南各地都有流行。

为什么在送别逝去亲人的大礼之后，要请别人“吃豆腐羹饭”呢？这也是尊重传统，相传战国时期的乐毅、汉代的淮南王刘安都有请参加送葬的邻居们吃豆腐宴的习俗，逝者成殓后，丧家以豆腐答谢吊唁宾客的做法，逐渐成为习俗。也有认为葬礼后的豆腐羹饭可以祛除不祥，豆腐以圆且硬的黄豆为原料，制成后呈雪白之色，被认为是金气的象征。这与旧时道家对豆腐性质的解释相通，如所谓《天皇至道太清玉册》言：“淮南王（刘安）得飞腾变化之道，炼五金成宝，化八石为水，得草木制化之理，乃作豆腐”，可见豆腐有克杀阴气的奇效，适合送葬者食用。

▲ 1925 年 4 月 12 日上午 10 时，上海约 10 万人在西门外的公共体育场举行全市各界追悼孙中山大会

在江浙一带，还有丧家在出殡大殓这一天，煮一大锅“长寿豆”酬谢出席葬礼的亲友和宾客，寓意“添寿”，加上“服豆养生”的传统观念由来已久，与增寿有异曲同工之妙。故对吃豆腐饭风俗所蕴含的文化含义，就不难理解了。需要注意的是，不同地区可能对这一习俗有不同的解释和具体做法，其文化内涵和意义也可能存在差异。在尊重和遵循当地习俗的同时，人们更多的是通过这种方式来缅怀逝者、安慰生者，并表达对生命的尊重和对亲友的感激之情。

▲ 1932 年 5 月 28 日，苏州五卅公园举行“淞沪抗战阵亡将士追悼大会”，主祭台摆放着许多花圈

寄托哀思可以有多种方式，人生注定会有深切的悲痛存在，

▲ 1947 年 5 月 30 日，上海各界在沪西玉佛寺举行追悼四八烈士大会

无论是谁，总有那么一天，要与热爱无比的人诀别。无论如何，生命是庄严神圣的，要善待他人，也要善待自己，更要努力奉献社会，要对得住这个留你生命的世界，努力使人间更加美好，荫泽后世。生命的价值是无可代替的，这才是人生在世的真正意义。

婚丧喜庆爱堂皇
——红白杠夫

上海传统殡葬组织起源于民间。从晚清到民国，传统的殡殓大多由民众自主进行。除自家人操办外，听到丧讯的邻居也会前来相助，主动帮忙料理后事。沪郊农村若某家有人去世，村中家家户户都会派人相助，男人们负责采购物品、借用桌凳及各类器皿，女人们则帮忙缝衣做带，赶制死者入殓所需衣着。

▲ 清末杠夫抬着棺材经过商务印书馆门前

▲ 1923—1924 年，上海抬棺材的杠夫们的劳作也是很有讲究的

当然，除了熟人帮忙以外，像搬抬棺材这类的体力活，就会请一些脚夫与苦力来帮忙。晚清上海专事抬棺安葬的脚夫又分扛夫和箩夫，两者经常因为抢生意而发生争斗。1803年上海县府还为此专门立碑规定：“嗣后凡有店铺粮食、油酒及航报船只钱货等项，俱归箩夫；至烟糖、棉花及一切洋货等物，悉归扛夫。照依旧分界址承值……婚丧舆轿，均听民便，不得专归箩夫，以杜把持勒索……”早先只是做了搬运货物的粗略分工，婚丧之事也没有明确划分给谁，民众一般以“脚夫”统称。久而久之，民间吸收了北方“杠房”和“杠夫”的称呼，将从事婚丧红白业务的脚夫，俗称为“红白杠”。“红白杠”是指与婚丧嫁娶事宜有关的脚夫群体。

婚丧大事分别指红事和白事，《红楼梦》第五十五回中有“或有婚丧红白等事，王夫人贺吊迎送，应酬不暇”，这所谓“红白”即指婚丧大事，而“杠”则有抬的意思，在灵车出现之前，棺材都是要用人抬的，而且抬棺材也是一个很累人的活，所以旧时民间各地都有“杠房”负责抬棺材灵柩，“红白杠”，就相当于上海的“杠房”，红事抬轿子，白事抬棺材，还在举办庙会时抬菩萨出游，并掌旗、掌伞等。从事“红白杠”的人有不少，也并非专业操此营生，平时分散，有杠头组织，主要是以出卖体力劳动获取报酬。说明“红白杠”

的组织状态是非常松散的，在丧事活动中，早前的红白杠以寺庙、村落形成自然的界限，有各自的势力范围。但大都分布在寺庙、贳器店附近，服务对象主要针对于居住在附近的丧家，因而其分布较为零散，且组织形式较小。

上海“红白杠”这个群体成员散居各处，带有较强的随机性、偶然性和松散性。他们大多将此作为副业，平时经营各自主业，只有在遇到红白事时才集中在一起。其服务对象主要针对居住在附近的丧家，殡葬服务较为单一，主要就是抬棺材。随着社会的发展，“红白杠”的生意逐渐被殡仪馆等现代服务业所取代。

与“红白杠”相关联的还有一种贳器店，“贳”是出租、出借的意思，“贳器店”就是出租器物的店铺。20世纪初，这种店铺在旧上海出现。普通人家日常生活中常备的桌椅碗筷等有限，但举办红白事时往往需要大量此类物品。贳器店便专为婚丧家提供搭棚、扎彩、

▲ 20 世纪 20 年代上海葬礼上杠夫抬棺被制作成照相版明信片

挂堂幔、张挽幛、出租茶担、圆桌、餐具等服务，有的还代召红白杠。民国上海比较出名的贳器店有新星合记贳器公司、振昌公司、史宝泰、仁松记等，上海永寿路当时还被称为贳器店一条街。

贳器店的业务相比“红白杠”更为丰富，组织形式也相对规范。除了出租器物，它们还可提供从初丧到开丧的一系列事务代办业务，如在丧事方面，初丧时扎素彩、设灵堂、请和尚念经、供茶炉烧水、出租白衣麻衣等，到五七开丧时发讣闻等。只要丧家提出一定的要求，贳器店就可以承办相应事务。以后随着汽车的出现和殡仪馆的兴起，“红白杠”和贳器店的生意逐渐萧条。解放之后，它们的职能基本上被殡仪馆所取代，有点类似于今天的“殡葬一条龙”服务。清光绪年间《沪江商业市景词·贳器店》中描述了其营业的情景：“婚丧喜庆爱堂皇，唤得专门贳器装。任尔安排何品级，不难富可敌侯王。”可见无论婚事、丧事，雇主只要提出规格要求，一切都由贳器店承办，雇主只要最后结账付钱就行，中间就不必操心了。在丧事方面，贳器店包办了从初丧到开丧的全部活动。

▲ 1937 年，上海的杠夫抬着礼轿经过长乐路与茂名南路口，轿内是逝者的神主牌或遗像

▲ 1949 年社会民生影像：杠夫们为丧家抬棺材赚取生计

清末民初，贳器店与“红白杠”携手为丧家服务，形成了殡葬组织的雏形。然而它们都缺乏专业性，且组织较为松散，业务范围比较有限。但在那个时期，它们满足了丧家的最基本的殡殓要求，是殡葬业中不可或缺的组成部分。

▲ 民国初年的上海八仙桥公墓，主要埋葬西方侨民

岁月沧桑诉离殇

——外侨墓地

上海开埠后，来到上海做生意的外国侨民很多，有生就会有死，死人的事是经常发生的。如何处理这些死者的遗体，自然会引起各方关注。英国驻沪领事馆将外国公墓的概念带到上海。1844年，上海就出现了第一个商业性公墓，即由英国人在租界开办的山东路公墓。到1868年时，这处西侨墓地就全部“满员”，只得对外宣布关闭。1896年由公共租界工部局建立的静安寺公墓，位于今静安公园位置，占地面积大约60亩。这是近代上海第一处设有火葬场的商业性公墓。工部局从购地到建造火葬场共花费了大约56 200两白银。该公墓主要面向外国人，在当时的一些地图上被标记为“外国坟山”。不少知名人物去世后选择埋葬于此，比如地产大亨亨利·雷士德。这位亨利·雷士德于1867年从英格兰乘货船来到上海，是最早进入上海的外国建筑师之一。

位于今淮海公园位置的“八仙桥公墓”，建立于1865年，是近代上海唯一一处英租界、法租界联合修建的公墓。曾一度被称为“新公墓”，所在地块后被纳入法租界，因此也有“法国坟山”之称。1859年，英租界工部局在浦东陆家嘴建浦东公墓，主要安葬亡故轮船船员；1863年起，英租界工部局置地开设八仙桥公墓；1873年，上海日本领事馆购马车路（后改名卡德路，即今石门一路）土地一处，建日侨墓地……上海先后发生的“四明公所惨案”，就是外侨抢夺四明公所义冢地遭拒后发生的流血事件。

1905年，法租界公董局建卢家湾公墓，专葬外国人，占地23亩：1907年3月13日，由一批寺院的日本人发起，设立法光株式会社，花洋银14 000元购当时的宝山土地一处，设立日侨公墓和火葬地，此为今上海宝山殡仪馆的前身。万国公墓初名薤露园，于1909年10月由浙江商人经润山筹建，在今虹桥路、凯旋路西侧一带购买土地20余亩，至1914年已有墓穴千余。1916年，经润山去世，沪杭甬铁路占去部分土地。1917年，经润山之妻汪国贞在薤露园以西，虹桥路

▲ 1860—1870 年上海老公墓即山东路公墓

▲ 清光绪二十四年（1898），英美租界工部局在静安寺对面辟静安寺公墓（又称外国坟山）

▲ 1936 年，上海市政府在江湾征地 120 亩，建立上海市立第一公墓，它是“大上海计划”的一部分。图为上海市立第一公墓（江湾公墓）正门

南、张虹桥一带（今宋庆龄陵园位置）购地55余亩，将薤露园迁移至此，并将墓园取名“薤露园万国公墓”，意为不受国籍、种族、姓氏的限制，中外人士皆可入葬于此，后被俗称为“万国公墓”。

1913年，殡葬慈善机构普善山庄创立，从事火化露尸业务。专门安葬外国侨民的墓地就既已存在，与此对应的外侨殡殓业，也应运而生。1924年，美国纽约磁器棺材公司的老板派他儿子带了一位随从人员施高德（R.O.Scott）到上海，租下胶州路207号一座花园洋房开了一家大利行。后来在报上公开征名，才正式命名为万国殡仪馆。它的服务对象以外侨为主，兼容一些上层中国人。1926年由公共租界工部局建立的虹桥公墓，最初分为两个区域，合计面积约有

▲ 1921 年，上海一处身份不明的西人墓地

120亩。今虹桥路北侧，番禺路西侧，淮海中路以东的这片区域为其西区，即最初的虹桥公墓；今番禺路东侧则是其东区，因番禺路旧称哥伦比亚路，因此也被称为哥伦比亚公墓。虹桥公墓对于入葬对象并无过多限制，中外人士皆能埋骨于此，而面积较小的哥伦比亚公墓则主要针对犹太社群。1945年后，两处公墓合并，沿用虹桥公墓之名。

1930年之后，上海一些商业资本家见到这种新兴行业赚钱容易，且为社会所日益需要，便也纷起仿效。几年之间，中国人开设的大小殡仪馆竟也发展到40多家。经过历年的兴替盛衰，到上海解放的1949年，据统计还有23家。

上海终究是弹丸之地，加之作为世界各国贸易与各类商务活动中心的因素，旅沪外侨势必承受着繁忙商务的沉重压力，因此外侨们的葬俗逐渐出现了趋同现象，开埠之初的所谓“义冢”，渐渐转化成“公墓”，进而又扩展为中外人士共葬一地的“万国公墓”。凡此种种变化的重要基础，在于他们对丧葬文化具有上述种种相同的理念。恰如一首佚名的《过公墓有感》竹枝词所吟诵的：“繁华都市公墓旁，岁月沧桑诉离殇。碑石林立铭旧事，英魂长逝土中藏。”这首竹枝词抒发了在繁华的上海都市中，公墓所呈现出的岁月感和沧桑感。林立的碑石铭记着那些已经逝去的人和事，而曾经的英魂则长埋于这片土地之中。

同来何事不同归

——殡仪馆舍

宋代词人贺铸《鹧鸪天·重过阊门万事非》是一首悼亡词：“重过阊门万事非。同来何事不同归。梧桐半死清霜后，头白鸳鸯失伴飞。原上草，露初晞。旧栖新垅两依依。空床卧听南窗雨，谁复挑灯夜补衣。”大意是说，再次来到苏州，只觉得物是人非。曾与我同来

▲ 20 世纪 30 年代上海中国殡仪馆门景

▲ 20 世纪 30 年代上海中央殡仪馆门景

的妻子为什么不能与我同归呢？自己如同霜打的梧桐半死半生，又像失伴的鸳鸯，孤独倦飞。原野里绿草嫩叶上的露珠刚刚被晒干。我流连于旧日与爱妻同住的居室，又徘徊于垄上的新坟。躺在空荡荡的床上，听着窗外的凄风苦雨，从今以后还有谁替我在深夜挑灯缝补衣衫呢？这首词写得特别悲苦，抒发了贺铸对亡妻的深切思念。

人有出生，必有去世，死人的事是经常发生的。落叶归根是中国人对旅居在外的亲人回到故乡的终极梦想；不管多么艰难，即使走到生命的末路，旅人总是希望最终能够魂归故里，而不要沦落为漂泊不定的孤魂野鬼。即使信基督的老外，也信天堂和地狱。上海的外国侨民有了墓地，与此配套的殡殓业，也应运而生。据上海市殡葬管理所的资料，早在20世纪初，就有一位英籍苏格兰人，在上海新闸路1047弄开过一家松茂行，它专为一些富有的外国侨民，按照他们的宗教信仰和风俗习惯举行殡殓仪式，尔后葬入公墓。但这家松茂行如昙花一现，不久就悄然关闭了。

上海开埠前，本地人丧葬以传统礼俗为主；开埠后，各地商帮先后涌入，这些远离家族的外乡人，只能依靠以地缘而成立的同乡组织如会馆、公所来办理丧葬。传统的丧葬仪式，除了丧家自助进行殡殓外，也有依借“红白杠”、贳器店、会馆公所、善堂等组织团体进行殡殓的。说明近代上海承载殡葬服务的载体呈现日渐社会化与专业化的趋势，同时这些机构在殡葬方式演变的过程中又是同时存在的。而殡仪馆的出现，丧葬礼仪的服务项目一应俱全，几可包揽一切，完全代劳，省却丧家许多筹办之苦，使得丧家都乐于光顾。然殡仪馆毕竟是西方文化的产物，与本土丧葬文化也会存在冲突与紧张之处。由是“洋为中用”很有必要，其途径就是在继承中国传统礼俗的同时，对西方的丧俗进行改动，以适应中国本土的丧俗，再说，上海是一个商业气息浓厚的城市，逼仄的生存空间使得传统丧礼难以大操大办，殡仪馆的举办也是现代都市生活的一种选择，随着上海人口不断增多，必然需要一个公共的殡葬场所。所以，现代殡仪馆的出现迎合了社会的迫切需要。

▲ 1937—1941 年间上海大众殡仪馆门景

▲ 沪上第一家殡仪馆——万国殡仪馆的殡仪车。如今收藏在龙华殡仪馆的大厅里

殡仪馆首先在上海出现，固然有西方殡葬仪礼的导引、示范与影响，更与当时上海城市自身的需要，以及社会各方面合作努力和应对是分不开的。20世纪30年代以后，各种医学处理专业技术，如整理遗容，消毒卫生等的出现，这是原来一家一户独自解决殡葬的旧有模式办不到的，丧家开始习惯于委托专业的社会化服务机构——殡仪馆来代办丧事。在西式的殡仪馆举办丧礼，往往给丧家以体面的感受，也能给逝者以哀荣。

30年代，华商在上海也开

▲ 20 世纪 40 年代的大众殡仪馆，位于今昌平路 990 号，近延平路处

始经营殡仪馆。1930年，木材商人穆季湘与谢宝华等人合资，在武定路496号开设了安乐殡仪馆。殡仪馆建有雕梁画栋的宫廷式楼房，朱红圆柱，彩绘门楼，一派中国风。1933年，中国殡仪馆在华山路上对外营业。中国殡仪馆的一大特色是能为死者遗体注入防腐剂，使尸体数天不致腐臭。该殡仪馆共有4个厅堂，分别是崇礼堂、崇敬堂、崇俭堂、崇思堂，崇敬堂最宏伟，租金最高；崇俭堂又分5个小礼堂，专门服务穷人，从接尸、化妆、入殓、礼堂、棺木到墓地整个流程，仅收取低廉费用。这一举动对于中国社会移风易俗具有重要意义，它推动了中国殡葬业的近代化转型，既改变了传统的丧葬方式，又推广了火葬等新的丧葬形式。

图书在版编目(CIP)数据

江南风俗图录. 第 8 卷，礼敬人生 / 仲富兰著.
上海 ：上海辞书出版社，2025. -- ISBN 978-7-5326
-6325-5

Ⅰ. K892.45-64 ；K891.26-64

中国国家版本馆 CIP 数据核字第 2025VC4482 号

"十四五"国家重点出版物出版规划项目
国家出版基金资助项目
上海文化发展基金会图书出版专项基金资助项目

江南风俗图录 · 第 8 卷 · 礼敬人生

仲富兰　著

策划统筹	朱志凌	**题　　签**	邓　明
责任编辑	朱志凌	**篆　　刻**	潘方尔
特约编辑	钱　琼	**英文翻译**	唐玥芳
责任校对	左钟亮	**英文校译**	秦　悦
技术编辑	楼微雯	**图　　片**	均由作者提供
整体设计	零贰壹肆设计工作室		

出版发行	上海世纪出版集团 上海辞书出版社®（www.cishu.com.cn）
地　　址	上海市闵行区号景路 159 弄 B 座（邮政编码：201101）
印　　刷	南京爱德印刷有限公司
开　　本	787 毫米×1092 毫米　1/16
印　　张	16.5　插页 5
字　　数	325 000
版　　次	2025 年 10 月第 1 版　2025 年 10 月第 1 次印刷
书　　号	ISBN 978-7-5326-6325-5/K · 1283
定　　价	128.00 元

《江南风俗图录（1840—1949）》（全十卷）

“十四五”国家重点出版物出版规划项目、国家出版基金资助项目《江南风俗图录（1840—1949）》（全十卷）立足近代风俗史与图像史研究的交叉领域，系统梳理百年间江南民间生活形态、民间文化传承及社会变迁轨迹，通过动态视角深入研究最普通、最普遍的民间日常生活的历史演进。作者仲富兰教授整合数十年积累和研究的图像史料，以图史互证为方法论，辅以大量民间竹枝词等风土纪事文献，全景式记录了近代中国社会生活的转型历程与多元民俗风貌，生动再现了市井生活的烟火气息。全书按风味饮食、服饰冠履、民居建筑、行旅交通、生产商贸、文教卫生、娱艺体育、人生礼仪、岁时乡情、生活信仰等主题分卷编纂。

全书辑录3 200余幅珍贵老照片、民俗画作等历史影像，以图像叙事为经，以风俗流变为纬，构建起一部立体化、可视化的江南民俗图谱。这些泛黄的影像既凝固了百年市井生活的瞬间，又以细腻笔触还原传统节庆场景，使读者得以直观把握江南地区岁时习俗、衣食住行、婚丧嫁娶等民俗的演化轨迹，较之纯文字叙事更具现场感染力。编纂体例上独创性地穿插历代江南竹枝词，实现朗朗上口的诗词文本与风俗史事互为映照。譬如以“妾在船头偷看郎，郎骑白马好风光”的竹枝词解读江南婚俗，既赋予学术论述以诗意美感，又通过民间话语补足了历史细节，使宏大叙事浸润日常肌理，彰显日常生活的本真状态。

从学术层面看，《江南风俗图录》突破了传统风俗史研究单一的文字叙述模式，开创了“图像+文献+文学”多元互证的研究范式，为我国地域民俗文化研究提供了新的方法，堪称融民俗文化、社会史、视觉文化研究于一体的江南民俗文化图谱，兼具学术开拓性与出版稀缺性价值。无论学术研究者、文化从业者或普通读者，都能从中领略江南千年文脉的深厚底蕴与独特审美。

《江南风俗图录 · 第 1 卷 · 饭稻羹鱼》

《江南风俗图录 · 第 2 卷 · 衣香鬓影》

《江南风俗图录 · 第 3 卷 · 深巷低窗》

《江南风俗图录 · 第 4 卷 · 车动马喧》

《江南风俗图录 · 第 5 卷 · 市井食货》

《江南风俗图录 · 第 6 卷 · 春生弦诵》

《江南风俗图录 · 第 7 卷 · 闲暇趣玩》

《江南风俗图录 · 第 8 卷 · 礼敬人生》

《江南风俗图录 · 第 9 卷 · 岁时乡愁》

《江南风俗图录 · 第 10 卷 · 春祈秋报》